청년 복음

세움북스는 기독교 가치관으로 교회와 성도를 건강하게 세우는 바른 책을 만들어 갑니다.

청년 복음
불안의 시대, 복음이 말하는 7가지 청년 설루션

초판 1쇄 발행 2025년 7월 30일
2쇄 발행 2025년 9월 15일

지은이 | 조광운
펴낸이 | 강인구

펴낸곳 | 세움북스
등 록 | 제2014-000144호
주 소 | 서울시 종로구 대학로 19 한국기독교회관 1010호
전 화 | 02-3144-3500
이메일 | cdgn@daum.net

디자인 | 참디자인

ISBN 979-11-93996-54-6 (03230)

* 이 책은 신저작권법에 의하여 국내에서 보호를 받는 저작물입니다. 출판사의 협의 없는 무단 전재와 무단 복제를 엄격히 금합니다.
* 책값은 뒤표지에 있습니다.
* 잘못된 책은 교환하여 드립니다.

불안의 시대,
복음이 말하는 **7가지** 청년 설루션

청년 복음

조광운

세움북스

추천사

청년들에게 종합선물세트 같은 책이 나왔습니다. 청년들의 현실과 직결된 7가지 주제를 복음과 연결하여 아주 생동감 있는 언어로 표현한 책입니다. 청년들과 대화하듯이 친절한 어투로 내용이 전개되는데, 이것은 사역 현장에서 청년들을 대하는 저자의 성품처럼 느껴집니다. 특히 청년들에게 익숙한 표현과 용어를 다채롭게 구사하면서도 복음의 본질을 정확하게 설명해 내는 능력이 참으로 돋보이고 부럽기까지 합니다.

무엇보다 구성 자체가 정말 참신합니다. 각 주제를 다각도로 해설하는 중에 핵심 내용을 화려한 도표로 정리하여 한눈에 이해하도록 만듭니다. 각 장이 끝날 때마다 제시되는 '개인 묵상을 위한 미션'을 보면서 저자의 디테일하고 친절한 방식에 감탄하게 되었습니다. 청년들이 접하게 되는 구체적인 상황과 적용의 예시까지 제시함으로써 독자들이 읽고 적용하는 데 전혀 어려움이 없도록 구성했습니다.

굳이 표현하자면, 이 책은 '현대적인 옷을 입힌 복음 안내서'라고 할 수 있습니다. 부제에 "7가지 청년 설루션"이라는 말이 들어 있지만, 청년들뿐만 아니라 각 주제와 관련하여 복음을 제대로 이해하고 싶은 분들에게도 매우 유익한 책입니다. 복음의 빚진 자로서, 본서를 모두에게 기쁜 마음으로 추천합니다.

🔺 **권율**(부산 세계로병원 원목, 『전능자의 손길』 저자)

"삶의 모든 순간을 복음의 렌즈로 바라볼 수 있다면, 우리는 더 이상 흔들리지 않을 것입니다." 조광운 목사님의 지난 첫 책을 읽고서 충격을 받았었습니다. 씨줄과 날줄처럼 책 전체에 촘촘히 엮여 있는 논리와 통찰, 다양한 자료와 인용을 통해 복음의 메시지를 정교하게 수놓은 글을 보며 감탄하지 않을 수 없었습니다. 그런데 이번 책 역시 원고를 펴는 순간, 깊고 순도 높은 통찰에 무릎을 치게 되었습니다.

저자는 요즘 젊은이들에게 단순히 '복음이 중요하다'라는 당위를 말하지 않습니다. 오히려 복음을 소유한 자의 삶이 구체적으로 어떠해야 하는지를, 오늘의 언어로 풀어내고 있습니다. 그렇게 21세기를 살아가는 청년들이 복음의 시선으로 현실을 살아 내도록 돕고 있습니다. 이 책은 젊은이들뿐 아니라 모든 세대가 부딪히는 삶의 주제들(자존감, 돈, 시간, 일, 관계, 결혼, 공정)을 정직하게 다루며, 그것을 성경적이고 복음적인 관점으로 다시 해석하게 합니다. 그 결과,

우리의 삶이 어디로 향해야 할지 분명한 방향성을 제시합니다.

무엇보다 이 책은 성경과 시대적 고민, 다양한 서적의 통찰, 자기 자신을 돌아보게 하는 질문들까지 균형 있게 엮어 냈습니다. 마치 성경 공부와 코칭을 동시에 받는 듯한 생동감이 느껴집니다. 단지 읽는 데서 그치지 않고, 함께 살아 내게 만드는 책입니다. 저자의 진심이 고스란히 전해집니다. 이 책과 함께, 일상 곳곳에 숨겨 둔 하나님의 좋은 소식(복음)을 발견하는 여정을 시작해 보기를 권합니다.

🔺 김영한(품는교회 담임 목사, Next 세대 Ministry 대표)

"말로 설명할 수 없으면, 모르는 것이다." 이 말은 단지 하브루타 교육 방법론의 지혜를 담고 있는 것뿐만 아니라, 복음이 삶이 되는 여정을 향한 깊은 통찰이기도 합니다. 복음은 단지 듣고 아는 것을 넘어, 질문하고 토론하며 내면화하여 살아 내는 여정 속에서 비로소 스며듭니다.

조광운 목사님의 『청년 복음』은 바로 그 여정을 청년들의 언어와 현실 속으로 끌어온 귀한 결과물입니다. 단순히 교리를 암기하거나 복음을 전달하는 데 그치지 않고, 청년 스스로가 자기 언어로 복음을 설명하고, 삶의 현장에서 복음을 증명해 내도록 돕습니다. 복음이 '내 것'이 되고, '나를 이끌고 해석하는 기준'이 되는 것입니다. 하브루타 교육의 본질과 현장 적용을 오랜 시간 고민해 온 저의 시선에서 볼 때, 『청년 복음』은 단지 좋은 청년 신앙 서적만이 아닙니다. 이는 곧 복음을 내면화하고 설명이 가능한 신앙으로 이끄는 새로운 '메타인지 기반의 신앙 훈련서'이며, 청년 사역의 방향을 제시하는 나침반과도 같습니다.

오늘날 청년들은 더 이상 단순한 지시나 교훈만으로 움직이지 않습니다. 그들은 스스로 질문하고, 충분히 이해하고, 깊이 동의할 때 비로소 움직입니다. 바로 이 지점에서 조광운 목사의 『청년 복음』은 한국 교회에 큰 역할을 감당할 수 있을 것입니다. 복음을 삶으로 살아 내고자 하는 모든 청년들과 사역자들에게 이 책을 강력히 추천합니다.

🔺 **이성준** (하브루타교육문화연구소 소장)

"복음의 렌즈로 시대를 다시 보라." 우리는 불안이 일상이 되어 버린 시대를 살아가고 있습니다. 자기 존재에 대한 의문, 돈과 시간에 대한 압박, 일과 관계와 결혼에 대한 회의, 그리고 정의와 공정에 대한 끝없는 질문. 이런 복잡하고 무거운 질문 앞에서 복음은 무엇이라 말하고 있을까요? 조광운 목사의 『청년 복음』은 바로 이 질문에 깊이 있고 실제적인 대답을 던지는 책입니다.

이 책은 단순히 청년들에게 "복음을 믿으라"라는 권면을 넘어, 오늘을 사는 청년들의 구체적 현실―자존감, 돈, 시간, 일, 관계, 결혼, 공정―을 하나하나 짚어 가며 복음이 어떻게 이 모든 질문에 대안이 되는지를 보여 줍니다. 각 장은 시대의 흐름을 통찰하는 안목과 복음적 해석을 함께 담고 있으며, 무엇보다 복음이 "현실 회피의 도피처"가 아니라 "현실을 새롭게 보는 시선"이 될 수 있다는 확신을 품고 있습니다.

저자는 단지 설교자가 아닙니다. 그는 하나님의 청년들 옆에서 함께 걷는 자이며, '현실'이라는 두터운 벽 앞에서도 복음의 능력 믿기를 포기하지 않는 복음 전도자입니다. 팀 켈러의 설교 방법론을 연상케 하는 체계적 접근 속에서도, 그는 여전히 따뜻하고 다정하게 청년 한 사람 한 사람에게 말을 겁니다.

각 장의 마지막에는 개인 묵상과 공동체 나눔을 위한 질문들이 포함되어 있어, 설교 현장뿐 아니라 소그룹, 그리고 제자 훈련 교재로도 손색이 없습니다. 무엇보다 이 책은 청년들만을 위한 것이 아닙니다. 청년을 사랑하는 목회자, 부모, 교사에게도 복음이 어떻게 청년의 삶과 씨름할 수 있는지에 대한 소중한 통찰을 제공합니다.

『청년 복음』은 오늘의 시대를 살아가는 하나님의 청년들에게 보내는 '총체적 복음'입니다. 막막한 현실을 복음의 눈으로 다시 보고 싶은 모든 청년, 그리고 그들을 위로하고 격려하고 싶은 모든 이들에게 이 책을 진심으로 추천합니다.

🔺 **조영민**(나눔교회 담임 목사, 『해리티지』 저자)

서문

"뭐야! 나만 몰랐어?"

1945년 8월 15일 정오, 일본 천황이 일본방송협회(현재의 NHK) 라디오를 통해 항복을 선언했을 때, 우리나라는 드디어 기다리던 광복을 맞이했어요. 우리는 광복 직후 거리에 사람들이 쏟아져 나와 '대한 독립 만세'를 외치며 기뻐했을 거라고 상상하기 쉽지만, 실제로는 꽤 달랐다고 해요. 일본의 항복 방송을 직접 들은 사람이 많지 않았거든요. 놀랍게도 8월 18일에야 동료의 말을 통해 일제 패망 소식을 들었다는 사람(서정주, 당시 교사)도 있었죠.

이유가 무엇이었든, 이미 해방이 선언되었음에도 이 기쁜 소식을 듣지 못한 사람들은 여전히 자신들이 일본의 지배 아래 있다고 생각했어요. 즉 '좋은 소식'을 듣지 못하거나 알지 못하면, 풀린 사슬에 자신을 묶어 두고 있는 셈인 거예요.

이 원리는 우리 그리스도인의 삶에서도 딱 들어맞아요! 그리스도인에게 '좋은 소식'은 바로 '복음'이죠? 예수님께서 우리를 구원하러 오셨다는 좋은 소식, 십자가에서 죽으시고 부활하셨다는 좋은 소식, 승천하시고 언젠가 다시 오셔서 우리의 구원을 완성하신다는 좋은 소식이요. 이런 소식을 모른 채 삶을 산다면 얼마나 안타까울까요?

그런데 복음이라는 이 좋은 소식은 예수님의 죽음과 부활, 그리고 천국에만 국한되지 않아요. 지금 이 순간, 우리가 발 딛고 사는 현실에서도 복음은 살아 움직이고 있거든요. 일하고, 사랑하고, 관계 맺고, 시간과 돈을 쓰는 모든 순간과 관련해서도 복음은 우리를 자유롭게 하는 좋은 소식이에요!

이 좋은 소식을 알고 누리려면 우리 삶의 모든 영역을 복음의 관점으로 바라봐야 해요. 월드컵에서 한국이 4강에 진출했다는 소식에 온 나라가 들썩이고, 기다리던 배달 음식이 도착했다는 알림에 반가움과 기쁨을 느끼듯, 예수님은 우리 일상 곳곳에 좋은 소식을 숨겨 두셨어요.

그래서 우리에게 정말 필요한 건 모든 일상을 복음의 관점으로 해석하는 능력이에요. 하나님께서 우리 삶에 심어 두신 좋은 소식을 모르면, 세상의 부정적이고 파괴적인 메시지에 휘둘려서 진정한 자유를 누리지 못하게 되거든요.

이 책은 자존감, 돈, 시간, 일, 인간관계, 결혼, 공정이라는 일곱 가지 삶의 주제를 복음의 렌즈로 들여다보는 여정이에요. 안경 닦이가 렌즈에 쌓인 먼지와 얼룩을 닦아 내듯, 이 책이 여러분의 시각을 정화해 주는 역할을 했으면 해요. 이 책을 통해 여러분이 일상의 모든 순간을 복음의 관점으로 바라보고, 하나님께서 예비하신 풍성한 삶을 누리게 되길 바랍니다!

목차

추천사 • 5
서문 • 11

01 자존감과 복음 • 17
"픽미 아닌 갓픽미"

02 돈과 복음 • 41
"돈 flex 말고, 은혜 flex"

03 시간과 복음 • 71
"타임 푸어에서 타임 리치로"

04 일과 복음 • 93
"출근 각? 노예 각? 아니, 소명 각!"

05 인간관계와 복음 • 121
"언팔 전에 잠깐만요"

06 결혼과 복음 • 147
"썸 타지 말고 비전 타라"

07 공정과 복음 • 179
"불공정 현타, 은혜로 해소"

01 자존감과 복음

"픽미 아닌 갓픽미"

4 그러나 나도 육체를 신뢰할 만하며 만일 누구든지 다른 이가 육체를 신뢰할 것이 있는 줄로 생각하면 나는 더욱 그러하리니 5 나는 팔일 만에 할례를 받고 이스라엘 족속이요 베냐민 지파요 히브리인 중의 히브리인이요 율법으로는 바리새인이요 6 열심으로는 교회를 박해하고 율법의 의로는 흠이 없는 자라 7 그러나 무엇이든지 내게 유익하던 것을 내가 그리스도를 위하여 다 해로 여길뿐더러 8 또한 모든 것을 해로 여김은 내 주 그리스도 예수를 아는 지식이 가장 고상하기 때문이라 _빌 3:4-8(a)

여러분, 이런 말 많이 들어 보셨죠? "자존감을 높이기 위해 이력과 스펙을 쌓아야 해.", "우리 집은 흙수저 집안이야. 이번 생은

망했어.", "사람들에게 인정받아야 삶의 의미를 찾을 수 있어" 같은 말이요. 그리고 SNS에서는 **#자존감**, **#셀프케어**, **#내가먼저** 같은 해시태그와 함께 자신을 가꾸고 인정받는 방법을 공유하는 게시물이 인기를 끌고 있어요. 또 자존감과 관련한 책과 강연이 불티나게 팔리고, '나'를 중심에 두는 자기 개발 콘텐츠가 넘쳐 나는 것 같아요.

나나랜드의 역설: 자존감의 완성인가, 결핍인가?

김난도 교수는 『트렌드 코리아 2019』에서 한국 사회를 '나나랜드'라고 표현했어요. 이 시대를 '나의 자존감의 완성 단계'라고 본 거죠. 실제로 우리 주변에서도 '나'를 강조하는 현상들이 꽤 많이 보여요. 예를 들어 '아이웨이(i_weigh) 운동', 이 운동은 몸무게로 자기 자신을 평가하지 않겠다는 운동이에요. '톤체성'이라는 말도 있는데요. 이 말은 '피부 톤'과 '정체성'이 합쳐진 말로서, 소비자가 화장품 회사에 맞추었던 과거와 달리, 이제는 화장품 회사가 '나'에게 맞추라는 메시지를 주고 있어요. '퍼스널 컬러'

라는 말도 비슷한 맥락이에요.[1]

그런데 잠깐, 생각해 보세요. 왜 사람들이 이렇게 '나'에 집착할까요? 어쩌면 평소에 자신이 소외되고 있다고 느끼기 때문에 더 강하게 '나'를 내세우는 건 아닐까요? 마치 손가락이 아프기 전에는 손가락이 전혀 신경 쓰이지 않았는데, 손가락에 약간의 통증을 느끼면 손가락에 대한 의식을 많이 하는 것처럼 말이에요. 이런 의미에서 이 사회는 자존감 '완성'의 단계가 아니라 오히려 '결핍'의 단계가 아닐까요?

자존감 결핍의 시대가 된 것은 '성취'를 기반으로 자존감을 형성했기 때문이에요. 알리스터 맥그래스(Alister McGrath)와 조애나 맥그래스(Joanna McGrath)는 『자존감: 십자가와 그리스도인의 자신감』이라는 책에서 사람들이 보통 이 세 가지로 자존감을 형성한다고 말했어요.

> ① 혈통: 집안 배경이나 출신으로 형성되는 자존감
> ② 역할 수행: 자신이 이룬 성취(성과)로 형성되는 자존감

---

[1] 김난도, 『트렌드코리아 2019』 중 "As Being Myself 그곳만이 내 세상, 나나랜드" (서울: 미래의창, 2018), 393-416쪽을 참고.

> ③ 타인의 사랑: 타인이 나를 얼마만큼 사랑해 주고 인정해 주는
> 가로 형성되는 자존감[2]

그런데 이런 방식은 필연적으로 자존감을 병들게 해요. 왜 그럴까요? 조건과 상황에 따라서 사람이 느끼는 감정은 달라지기 때문이에요.

우선 '혈통'과 관련해서 생각해 볼 때, 서울대 다니는 학생은 지방대 학생을 만나면 우월감을 느낄 수 있지만, 하버드 학생을 만나면 열등감을 느낄 수도 있어요. 롤러코스터처럼 자존감이 오르락내리락하는 거죠. 또 '역할 수행'과 관련해서 생각해 볼 때, 우리는 남들보다 성과를 더 내면 효능감을 느끼지만, 나보다 더 뛰어난 사람을 만나면 무능감을 느껴요. 어제는 자랑스러웠던 성과가 오늘은 초라하게 느껴지는 경험, 해 보셨죠? 마지막으로 '타인의 사랑'과 관련해서 생각해 볼 때, 우리는 공동체에서 사랑받으면 소속감을 느끼지만, 나보다 다른 사람이 더 인기 있으면 소외감을 느끼기도 해요. 마치 인기 투표에서 매일 순위가 바뀌는 것처럼 불안정하죠.

---

2   알리스터 맥그래스, 조애나 맥그래스, 『자존감: 십자가와 그리스도인의 자신감』, 윤종석 옮김 (서울: IVP, 2003), 39-48.

온탕과 냉탕 사이: 성취 기반 자존감의 불안정성

이처럼 성취를 기반으로 형성된 자존감은 안정적으로 유지되지 못하고 온탕과 냉탕을 오가듯 불안정하게 바뀌어요. 우월감과 열등감, 효능감과 무능감, 소속감과 소외감 사이를 계속 왔다 갔다 하게 되죠. 이런 예가 성경에도 나와요. 바벨탑 건설 현장에서 사람들이 했던 말, "자, 성읍과 탑을 건설하여 그 탑 꼭대기를 하늘에 닿게 하여 우리 이름을 내고 온 지면에 흩어짐을 면하자"(창 11:4). 팀 켈러(Tim Keller)는 여기서 "'이름을 낸다'라는 말은 정체성을 확립한다는 의미"[3]라고 했어요. 사람들이 하늘에 닿는 큰 탑을 쌓는 '성취'를 통해 자존감을 높이려 했다는 거죠.

신약에서도 이런 유혹이 있었어요. "시험하는 자가 예수께 나아와서 이르되 네가 만일 하나님의 아들이어든 명하여 이 돌들로 떡덩이가 되게 하라"(마 4:3). 피터 스카지로(Peter Scazzero) 목사는 사탄의 이 말이 예수님을 향해 '성취'로 자존감을 형성하도록 유혹하는 말이었다고 주장했어요.[4] 쉽게 말해, "돌을 떡으로 만드는 능력을 보여 줘. 그래야 네가 가치 있는 존재야!"라는 유혹

---

3 팀 켈러, 『팀 켈러의 일과 영성』, 최종훈 옮김 (서울: 두란노, 2013), 143.
4 피터 스카지로, 『정서적으로 건강한 영성』, 강소희 옮김 (서울: 두란노, 2015), 109.

이었던 거죠.

이 유혹에 빠지면 얼마나 큰 대가를 치르는지, 팝스타인 마돈나(Madonna)의 고백은 이를 잘 보여 줘요. "내 삶의 동력은 평범함에 대한 아찔한 두려움에서 온다. 그것이 늘 나를 몰아가고 또 몰아간다. 이미 대단한 존재가 되었음에도 여전히 내가 대단한 존재임을 증명해야 하기 때문이다."[5] 그래서 그녀는 계속해서 '성취'를 통해 자신의 가치를 증명해야 했고, 그 압박감 속에서 살아야 했어요. 마치 자전거 페달을 계속 밟아야 넘어지지 않듯이, 계속 성취해야 자신의 가치를 유지할 수 있겠다는 불안감을 느꼈던 거죠.

우리와 우리 사회가 이렇듯 견고한 자존감을 갖고 살아가기 어려운 이유는 우리의 자존감이 예수님의 좋은 소식(복음)을 통과하지 않았기 때문이에요. 세상이 말하는 자존감의 공식이 우리 생각을 지배하고 있다는 거죠. 자존감을 쌓으려고 계속 성취하고 인정받기 위해 열심히 노력하지만, 정작 예수님께서 우리에게 주시는 진짜 가치와 사랑은 생각하지 못하는 거예요. 그렇다면 우리가 놓친 자존감에 관한 좋은 소식(복음)은 무엇일까요?

---

5 팀 켈러, 『팀 켈러의 내가 만든 신』, 윤종석 옮김 (서울: 두란노, 2017), 126.

함께 알아가 볼까요?

복음이 말하는 '자존감':
"하나님은 나를 성취가 아닌 존재로 보셔."

에베소서에는 바울의 자부심 넘치는 표현이 있어요. "그 기쁘신 뜻대로 우리를 예정하사 예수 그리스도로 말미암아 자기의 아들들이 되게 하셨으니"(엡 1:5). 여기서 핵심은 "그 기쁘신 뜻대로"예요. 이 말은 무슨 뜻일까요? 우리를 이유 없이 원하셨다는 뜻이에요! 내가 무언가를 잘해서가 아니라, 그냥 나라는 존재를 원하셨다는 거죠. 마치 연인이 처음 만났을 때 특별한 이유 없이 서로에게 끌리는 것처럼, 하나님은 우리가 그냥 좋아서 자녀로 삼아 주셨어요.

반면에 고대 종교들의 창조 이야기는 어떨까요? 수메르 신화 「아트라하시스」를 보면, 신들이 자신들의 노동을 대체하려고 인간을 만들었다고 해요.[6] 쉽게 말해 '쓸모' 때문에, 조건적인 이유

---

[6] 도현신, 『지도에서 사라진 종교들』(파주: 서해문집, 2016), 20.

로 인간을 창조했다는 거예요. 마치 회사가 일할 사람이 필요해서 직원을 뽑는 것과 비슷하죠. 그런데 성경의 하나님은 달라요. 그냥 이유 없이 우리를 원하셨다고 말씀하시니, 바울은 최고의 자존감을 느낄 수밖에 없었어요!

갓픽(God-pick) : 하나님께서 선택하신 특별한 존재

조앤 로이드 게스트(Joan Lloyd Guest)는 『자존감』이라는 책에서, 나를 나 되게 하는 것은 "자신의 고유한 개성들이 결합된 총체적인 존재임을 인정하는 것"[7]이라고 했어요. 생각해 보세요. 여러분과 비슷한 사람은 있을 수 있어도 똑같은 사람은 없어요. 손가락의 지문처럼 여러분은 세상에 단 하나뿐인 존재예요. 고유한 개성으로 지음받은 유일한 존재, 이 대체될 수 없는 '유일함'이 우리 자존감의 기반이 되는 거예요.

한 기독교 방송에서 진로 적성 센터 대표인 박에스더 목사가 이런 말을 했어요. "각자가 뛰고 싶은 방향으로 뛰면 다 1등이 될

---

7   조앤 로이드 게스트, 『자존감』, 변순이 옮김 (서울: IVP, 1990), 22.

수 있는데, 모두가 저쪽으로만 뛰면 한 명만 1등이 될 수밖에 없잖아요." 맞아요. 모두 같은 방향으로 달리니까 1등부터 꼴등까지 순위가 매겨지는 거예요. 그럴 필요 없어요! 우리는 모두 다른 개성을 지닌 고유한 존재니까, 하나님께서 주신 각자의 길을 향해 달리면 모두가 1등이 되는 거예요.

가수 홍이삭의 노래, 「하나님의 세계」의 가사 중에 이런 노랫말이 있어요. "참 아름다운 곳이라 주님의 세계는 정말로 내가 나 같고 솔직할 수 있는 곳." 하나님은 우리를 '우리 중의 하나'가 아닌 **온전한 한 개인**으로 창조하셨어요. 그래서 주님의 세계에서는 누군가와 경쟁할 필요 없이 그냥 솔직한 내가 될 수 있는 거예요. 이 복음을 받아들이면 건강한 자존감을 회복할 수 있어요!

아내의 고백

제 아내는 대학에서 국문학과 한국어교육학을 공부하고서, 외국 유학생들에게 한국어를 가르치는 대학교 강사였어요. 첫째를 낳고 잠시 일을 이어 가다가 둘째를 낳은 후에는 더 이상 복귀가 어려워 경력 단절 여성(경단녀)이 되었죠. 이어 가던 학위 과정도 포기해야 했고요. 처음에는 정말 힘들어했어요. 한창 경력을 쌓고 성취감을 느끼던 중이었는데, 갑자기 사회와 단절되어서 아이들과 하루 종일 집에만 있는 자기 모습을 받아들이기 힘들어했죠. 마치 달리던 자동차가 갑자기 멈춰 선 것 같은 느낌이었달까요. 자신이 뒤쳐지는 것 같고, 쓸모없는 사람이 된 것 같았대요. 하지만 감사하게도 지금은 그 시간을 잘 이겨 냈어요. 비결이 뭐였을까요? 자신의 정체성을 '일'로 규정하지 않았기 때문이에요. 공부와 일과 돈이 주는 성취가 자신의 진짜 정체성이 아님을 깨달았던 거죠. 대신 자신을 하나님의 형상으로 창조된 존재, 우주의 왕이신 예수님께서 목숨 바쳐 사랑하신 귀한 존재로 여겼어요. 그 감사와 충족감이 상실감과 우울함의 부정적인 감정을 이겨 낼 수 있게 해 주었죠. 결혼 10년 만에 아내가 이런 고백을 했어요. "무엇이 되지 않아도, 무엇을 이루지 않아도 충분하다는 평안이 10년 만에 왔어요!"

여러분은 어떠세요? 자신이 충분한 존재라고 느끼시나요? 여러분의 자존감은 무엇을 기반으로 형성되어 있나요? 성취가 아닌, 창조주 하나님이 나를 존재만으로 기뻐하시고 원하신다는 복음 안에 있을 때 우리는 건강한 자존감을 지니고 살아갈 수 있게 돼요.

복음으로 적용하기:
"자신의 성과가 아닌 주님의 선언으로 자존감을 형성해야 해!"

바울이 세상적 기준으로 자존감을 형성했다면 그의 자존감은 꽤 높았을 거예요. 그는 자신의 배경을 이렇게 소개했어요.

"나는 팔 일 만에 할례를 받고 이스라엘 족속이요 베냐민 지파요 히브리인 중의 히브리인이요(혈통) 율법으로는 바리새인이요(타인의 인정) 열심으로는 교회를 박해하고 율법의 의로는 흠이 없는 자라(성과)"(빌 3:5-6)

1) 바울의 혈통: 금수저 집안
- "베냐민 지파요"
- ☞ 이스라엘의 첫 왕 사울을 배출한 명문 가문이라는 뜻
- "히브리인 중의 히브리인이요"
- ☞ 순수 히브리 혈통과 전통을 잘 지킨 집안이라는 뜻

2) 바울의 성과: 성공한 사람
- "열심으로는 교회를 박해하고, 율법의 의로는 흠이 없는 자라"
- ☞ 율법을 완벽하게 지켰고, 교회를 박해할 정도로 유대교에 헌신함

3) 바울이 타인에게 인정받는 수준: 인싸
- "율법으로는 바리새인이요"
- ☞ 당시 종교 지도자 중 가장 존경받는 그룹에 속함

바울은 이런 배경과 성과를 가지고 있었기에 "그러나 나도 육체를 신뢰할 만하며"(빌 3:4)라고 자신 있게 말할 수 있었어요. 많은 사람들이 부러워할 만한 조건을 갖추었던 거죠.

그런데 놀랍게도 바울은 이렇게 형성된 자존감이 오히려 '손해'가 되기에 버려 버린다고 말했어요! "그러나 무엇이든지 내게 유익하던 것을 내가 그리스도를 위하여 다 해로 여길뿐더러 또한 모든 것을 해로 여김은 내 주 그리스도 예수를 아는 지식이 가장 고상하기 때문이라 내가 그를 위하여 모든 것을 잃어버리고 배설물로 여김은 그리스도를 얻고"(빌 3:7-8). 왜 바울은 남들이 부러워할 만한 것들을 '손해'라고 했을까요? 그것보다 훨씬 더 가치 있고 단단한 자존감의 기반을 발견했기 때문이에요. 즉, **그리스도 안에 소속될 때 형성되는 자존감**이죠! 이것이 바울의 자기소개에도 드러나요. "그리스도 예수의 종 바울과…"(빌 1:1).

그런데 엄청난 배경과 성과를 가진 바울이 어떻게 자신을 '종'이라고 부를 수 있었을까요? 로마 시대의 노예들은 주인의 중요

도에 따라 자신의 지위를 판단했대요. 주인이 크면 클수록 노예의 자부심도 컸던 거죠.[8] 그러니까 바울은 예수님이 우주에서 가장 위대한 존재라는 걸 알았기 때문에, 그분의 종으로서 엄청난 자부심을 가질 수 있었던 거예요. 마치 대통령의 비서가 느끼는 자부심처럼요. 그래서 바울은 성취를 기반으로 한 자존감을 버리고, **그리스도 안에서 형성되는 자존감**을 선택했던 거랍니다.

자존감 형성의 기반: "그랜저가 아니라 그리스도야"

마귀는 우리가 예수님이 아닌 다른 것으로 자존감을 형성하도록 끊임없이 유혹해요. 예전에 이런 자동차 광고가 있었죠. "요즘 어떻게 지내느냐는 친구의 말에 그랜저로 대답했습니다." 이 카피에는 세상의 자존감 공식이 다 담겨 있어요. 그랜저를 살 수 있는 돈, 그 돈을 벌게 해 주는 직장, 그랜저를 탈 때 받는 사람들의 부러운 시선…. 세상에서는 이 모든 것이 자존감의 기반이 된다는 거예요. 그래서 세상은 우리를 이렇게 유혹해요. "너의 자존감의 기반은 뭐야?"라는 질문에 "응, 그랜저야"라고 대답하

---

[8] 알리스터 맥그래스, 조애나 맥그래스, 『자존감』, 151.

도록 말이죠.

하지만 바울의 대답은 달라요. "응, 그리스도야! 난 혈통, 성과, 타인의 인정으로 자존감을 형성하지 않아. 내 자존감의 기반은 그랜저가 아니라 그리스도야"라고 선언한 거예요. 복음 안에서 새롭게 자신을 발견한 바울은 이렇게 말해요. "너희에게나 다른 사람에게나 판단받는 것이 내게는 매우 작은 일이라 나도 나를 판단하지 아니하노니 내가 자책할 아무것도 깨닫지 못하나 이로 말미암아 의롭다 함을 얻지 못하노라 다만 나를 심판하실 이는 주시니라"(고전 4:3-4). 바울은 우리가 자존감을 위해서 매일 '재판'(판단받는 것)을 받는다고 비유해요.

타인이나 자신이 자기 자존감에 대해 이런 식으로 판결을 내리죠. "그랜저 탔네? 위너!", "못 탔네? 루저!"와 같은 식으로요. 하지만 바울은 이런 재판이 '매우 작은 일'이라고 말해요. 왜냐고요? 팀 켈러의 답변을 빌려서 대답해 볼게요. 재판은 이미 끝났고 최종 판결이 내려졌기 때문이에요. 그 판결의 주체는 주님이시고, 그분은 우리 정체성에 대해 "이는 내 사랑하는 아들이요 내 기뻐하는 자라"(마 3:17)라고 선언하셨기 때문이죠.[9] 그랜저

---

9 팀 켈러, 『복음 안에서 발견한 참된 자유』, 장호준 옮김 (서울: 복있는사람, 2012), 55.

와 비길 수 없는 만물의 주인 되시는 그리스도께서 우리를 향해 "내 사랑하는 아들이요 내 기뻐하는 자"라고 선언하셨으니, 더 이상 우리 자존감에 대한 기소는 없어요. 마귀가 "넌 그랜저도 못 타는 루저야"라고 속삭여도 이미 최종 판결은 내려졌어요. 우리가 **하나님의 자녀**이고, **하나님께서 기뻐하시는 자**라는 사실은 절대 바뀌지 않아요. 이것이 그 누구도 뒤흔들 수 없는 우리의 자존감이에요!

빛나는 자존감을 가진 그녀: 도로시 챙

그리스도 안에서 빛나는 자존감을 지닌 두 여성을 소개할게요. 먼저 도로시 챙(Dorothy Cheng)이라는 여성이에요. 영국의 한 유튜버가 길거리에서 너무나 자신감 있게 걷는 여성을 발견하고는 그녀를 인터뷰했어요. 그녀는 홍콩계 영국인이며, 모델로 활동하고 있었죠.

유튜버: 당신은 참 자신 있게 걷네요. 무엇이 당신을 자신감 있게 만드나요?

챙: 예수님이요!

유튜버: 당신은 믿음이 인생이나 직업, 성격에 도움이 되었다고 생각하나요?

챙: 저는 성경의 말씀을 따르고 예수님의 가르침을 배우고 있어요. 저를 더 나은 사람으로 만들어 주거든요. 기본적으로 항복하는 법을 배우는 건 저에게 정말 놀라운 영감을 준다고 생각해요.

유튜버: 자신감을 높이기 위해 노력하는 사람에게 혹시 해 주실 말이 있을까요?

챙: 믿음이요. 믿음을 하나님께 두며 계속해서 치유해 나가면 되지 않을까요?[10]

도로시 챙, 그녀가 지닌 자존감의 기반은 예수님이었어요. 예수님 안에서 자존감을 형성하니까 지나가던 사람들도 그녀의 자신감에 눈길을 줄 정도로 빛나는 삶을 살게 된 거죠. 마치 어두운 밤에 빛나는 등대처럼요!

---

10 김주리, "1300만 뷰'…당당하게 걷던 여성, 무슨 자신감이냐 묻자 '딱 한마디'", 파이낸셜뉴스, 2024년 6월 11일, https://www.fnnews.com/news/202406110714236703.

돈이 아닌 하나님으로 채워진 마음: 성공한 작사가의 고백

또 한 사람을 소개할게요. 김태희 작사가. 그녀는 음악저작권협회에 400곡 가까이 등록한 정말 잘나가는 작사가였어요. 김종국, 성시경 등 유명 가수들의 히트곡을 작사했죠. 그녀가 작사가의 길로 들어선 건 돈 때문이었어요. 가수보다 저작권자가 더 많은 돈을 벌 수 있다고 생각했기 때문이에요. 왜 그렇게 돈에 집착했을까요? 돈이 주는 자존감이 있었기 때문이죠. 마치 은행 잔고가 늘어날수록 자신의 가치도 올라간다고 느끼는 것처럼요.

하지만 잘나가던 그녀의 삶에 예상치 못한 위기가 찾아왔어요. 심각한 우울증이었죠. 손가락 하나 구부리기도 힘들 정도로 몸이 말을 듣지 않았어요. 우울증이 신체화된 현상이었는데, 병원에 가서 검사해도 딱히 병명으로 진단되지 않으니 치료도 받지 못했답니다. 그녀의 집안은 어릴 때부터 무당에게 자주 찾아가 굿을 하던 집안이었기에 그쪽으로도 매달려 봤지만, 전혀 나아지지 않았다고 해요.

그러던 어느 날, 집에 있는데 우울증이 극에 달해서 자기 몸이 풍선처럼 터져 죽을 것 같은 공포감이 엄습했대요. 그런데 마침 그때 어머니가 당시 기독교로 개종한 상태여서, 문득 그 생각이 들길래 엄마가 믿는 하나님을 향해 간절히 기도했대요. "하나님, 계시다면서요? 겨자씨만 한 믿음만 있어도 도와주신다면서요? 저 좀 도와주세요! 너무 아프고 힘들어요!" 그러니까 놀랍게도, 바로 그날 하나님이 찾아오셨대요! 온도계 수은주가 내려가듯이, 터져 죽을 것 같은 공포와 신체 증상이 머리끝에서 발끝까지 쭉 내려가는 것이 느껴지더래요. 이 경험을 통해 그녀는 하나님의 존재를 믿게 되었다고 해요.

예수님을 믿게 된 후, 성경을 읽으면서 그녀는 또 다른 감격을 경험했대요. 그녀는 자기도 겁이 많았는데, 성경의 인물들도 다 겁쟁이들임을 발견했다고 해요. 아브라함도 겁이 많아 아내를 누이라고 속이고, 다윗도 아버지에게 인정받지 못하는 열등감 속에 자랐는데, 그런 그들을 하나님께서 역사의 주인공으로 쓰시는 걸 보며 깨달았대요. '아! 나 같은 사람도 주인공이 될 수 있구나!' 이렇게 그녀는 돈이 아닌, 하나님 안에서 진정한 자존감의 회복을 경험하게 되었대요. 돈으로 채울 수 없었던 마음의 빈자리가 하나님의 무조건적인 사랑으로 채워진 거죠.[11]

---

11 "욕심이 가득했던 나를 비우신 하나님 – 작사가 김태희 간증", 새롭게하소서CBS, 2020년 11월 13일, 동영상, 41:01, https://youtu.be/6zgOOboM7Mw?si=OB0e8Pm338HF6x4_.

여러분! 나나랜드 안에서 여러분의 자존감은 어떤가요? 더이상 참된 삶이 아닌 허황된 자존감의 탑을 쌓기 위해 몸부림치지 않아도 돼요. '나'를 부각시키려는 수고를 멈춰도 돼요. 왜냐고요? 이미 그리스도께서 '나'를 온전히 부각시켜 주셨기 때문이에요. 탑을 쌓아 올리지 않아도 우리의 이름이 이미 하늘에 닿아 있기 때문이라는 거죠.

세속적 자존감 vs 성경적 자존감

세속적 자존감	성경적 자존감
성취 기반 성과, 외모, 학벌에 따라 출렁이는 자존감	**존재 자체의 가치** 하나님이 나를 존재 자체로 기뻐하심
타인 의존 SNS 좋아요와 댓글에 흔들리는 자존감	**하나님의 선언** "내 사랑하는 자녀라 내가 기뻐하노라"
불안정한 기복 우월감과 열등감 사이의 롤러코스터	**영원한 안정감** 변치 않는 하나님의 사랑에 기초함
비교 중독 남과 비교하며 자신의 가치를 판단	**독특한 부르심** 하나님의 형상으로 지음받은 유일한 나
결과: 자기 자신에게 초점 ⇨ 불안정함	결과: 하나님께 초점 ⇨ 자유로운 삶

"하나님은 나를 존재만으로도 기뻐하신다."

개인 묵상을 위한 미션

자기 평가

1. 최근 자존감이 하락했던 순간을 적어 보세요.

구분	내용
상황(예시)	면접에서 답변이 떠오르지 않음
언제, 어디에서, 누구와	지난주 화요일, 기업 면접장, 면접관들 앞에서
느낀 감정	부끄러움, 무력감, 수치심
떠오른 생각	다른 지원자들은 다 잘하는데 나는 왜 이렇게 부족할까? 이러니 취업이 안 되는 거야.
상황 1	
언제, 어디에서, 누구와	
느낀 감정	
떠오른 생각	
상황 2	
언제, 어디에서, 누구와	
느낀 감정	
떠오른 생각	

2. 두 가지 상황을 통해 볼 때, 당신의 자존감은 무엇에 기초하고 있나요?

- [ ] 성과 중심: "사업이든 취업이든 과제든 내가 뭔가를 잘해 낼 때만 제 자신이 가치 있는 사람으로 느껴져요."
- [ ] 타인 중심: "다른 사람의 칭찬, 인정, 관심에 따라 자존감이 쉽게 오르내려요."
- [ ] 외적 조건 중심: "외모나 스펙, 집안 배경처럼 겉으로 보이는 게 중요하지 않나요?"
- [ ] 관계 중심: "가족이나 연인이나 친구 등 누군가에게서 사랑받고 소중하게 여겨지는지가 제게 가장 큰 기준이에요."
- [ ] 기타:

3. 당신의 자존감을 형성하는 데 있어 가장 큰 영향을 미친 경험이 있다면 무엇인가요? 그리고 현재 당신의 자존감의 상태는 어떠한가요? 예시를 참고하여 자신을 성찰한 후 써 보세요.

예시

나의 자존감은 주로 타인의 인정과 평가에 기초하고 있다. 다른 사람들이 내 아이디어나 의견을 어떻게 받아들이는지에 따라 자존감이 크게 영향을 받는다. 특히 상사나 존경하는 사람의 반응에 민감하게 반응하는 것 같다. 이런 패턴은 어릴 때부터 부모님의 기대와 평가에 민감하게 반응했던 경험과 연결되는 것 같다.

나의 성찰

_____
_____
_____
_____

변화하기

1. 다음은 하나님 안에서 자존감을 회복하는 데 도움을 주는 질문들입니다. 질문을 통해 올바른 인식을 가질 때 열등감에 속지 않고 올바른 자존감을 가질 수 있습니다. 질문에 답해 보세요.

① 요즘 내가 '잘한 일'은 무엇인가요?

② 요즘 타인과 나 자신을 비교한 적이 있나요? 그 비교는 타당했나요?
   (상대방의 삶의 전반을 알지 못한 채, 단편적인 면만 놓고 비교했다면 그것은 타당하지 못할 가능성이 큽니다.)

③ 다른 사람과 비교 불가능한 나만의 고유한 정체성은 무엇일까요?

2. 이번 주 나의 자존감 회복을 위해 필요한 실천 사항을 계획해 보세요.

예시

① 오늘을 돌아보며 느끼는 내 감정을 하루에 하나씩 기록해 보기

② SNS를 줄이고 나를 향한 하나님의 말씀 묵상하기

③ 하루에 3개씩 감사한 것 적기

나의 계획

①

②

③

소그룹 나눔을 위한 질문

1. 당신의 자존감은 주로 어떤 상황에서 낮아지나요?

   _____

2. 개인 미션을 작성하면서 '아, 내가 이런 사람이었구나' 하고 나에 대해 새롭게 알게 된 점이 있다면 무엇일까요?

   _____

3. 이번 주, 자존감을 높이기 위해 어떤 실천을 해 보고 싶은가요?

   _____

4. 다른 사람의 이야기를 듣고서 새롭게 깨달은 점이 있다면 무엇인가요?

   _____

02 돈과 복음

"돈 flex 말고, 은혜 flex"

13 무리 중에 한 사람이 이르되 선생님 내 형을 명하여 유산을 나와 나누게 하소서 하니 14 이르시되 이 사람아 누가 나를 너희의 재판장이나 물건 나누는 자로 세웠느냐 하시고 15 그들에게 이르시되 삼가 모든 탐심을 물리치라 사람의 생명이 그 소유의 넉넉한 데 있지 아니하니라 하시고 16 또 비유로 그들에게 말하여 이르시되 한 부자가 그 밭에 소출이 풍성하매 17 심중에 생각하여 이르되 내가 곡식 쌓아 둘 곳이 없으니 어찌할까 하고 18 또 이르되 내가 이렇게 하리라 내 곳간을 헐고 더 크게 짓고 내 모든 곡식과 물건을 거기 쌓아 두리라 19 또 내가 내 영혼에게 이르되 영혼아 여러 해 쓸 물건을 많이 쌓아 두었으니 평안히 쉬고 먹고 마시고 즐거워하자 하리라 하되 20 하나님은 이르시되

어리석은 자여 오늘 밤에 네 영혼을 도로 찾으리니 그러면 네 준비한 것이 누구의 것이 되겠느냐 하셨으니 21 자기를 위하여 재물을 쌓아 두고 하나님께 대하여 부요하지 못한 자가 이와 같으니라 22 또 제자들에게 이르시되 그러므로 내가 너희에게 이르노니 너희 목숨을 위하여 무엇을 먹을까 몸을 위하여 무엇을 입을까 염려하지 말라 _눅 12:13-22

여러분, 이런 말 많이 들어 보셨죠? "뭐니 뭐니 해도 머니(money)가 최고지!", "신앙생활도 먹고살아야 할 수 있는 거잖아. 당분간은 주일에 교회 가지 말고, 취업하는 것에 전념하자!", "돈이 얽히면 가족도 없더라" 같은 말이요. 그리고 SNS와 미디어에는 **#주식 #부동산 #재테크 #경제적자유** 같은 해시태그가 넘쳐 나고, 유튜브에서는 '돈 버는 법'을 알려 주는 콘텐츠가 넘쳐 나고, 서점에서는 재테크 관련 서적이 베스트 셀러를 차지하죠. 게다가 코로나 이후 '주.부.코(주식, 부동산, 코인)'의 광풍이 불었고, 많은 이들이 직장을 그만두고 투자에 올인하기도 했는데요.

우리 사회는 왜 점점 더 돈을 좇는 방향으로 나아가고 있을까요? 그 이유는 아마도 '소유=행복'이라는 세속적 세계관에 영향을 받고 있기 때문일 거예요. 하나님 대신 돈이 우리에게 행복을 가져다준다고 믿는, 돈을 신적 대상으로 여기는 세계관이죠.

하나님의 유일한 라이벌, 돈

사람들은 대개 돈을 가치중립적 도구로 생각해요. "돈은 중립적인 것이니 선하게 쓰면 선한 도구, 욕심대로 쓰면 욕심의 도구가 되는 거야"라고요. 그런데 예수님은 돈에 대해 다른 시각으로 말씀하셨어요. "한 사람이 두 주인을 섬기지 못할 것이니 혹 이를 미워하고 저를 사랑하거나 혹 이를 중히 여기고 저를 경히 여김이라 너희가 하나님과 재물을 겸하여 섬기지 못하느니라"(마 6:24). "겸하여 섬기지 못하느니라"라는 표현에 주목해 보세요. 하나님은 신적 속성을 가지셨기에 사람들의 섬김의 대상이신데요. "겸하여 섬기지 못한다"라는 말씀은 사람들이 돈을 하나님처럼 신적 속성을 지닌 대상으로 보고 있다는 걸 의미해요. '재물'이라는 단어가 이 주장에 힘을 싣는 근거예요.

예수님께서 사용하신 '재물'이라는 단어는 원래 매우 특별한 의미를 가지고 있어요. 이 단어는 '신뢰하다' 혹은 '의지하다'라는 뜻을 품고 있죠. 그래서 예수님은 단순히 '돈'이 아니라, 사람들이 돈에 '의지하고 신뢰하는 마음'을 경계하신 거예요. 우리가 하나님만 신뢰해야 하는데, 돈을 하나님처럼 의지하게 되는 위험을 말씀하신 거죠.[1] 이런 의미에서 리처드 포스터(Richard Foster)는 『돈, 섹스, 권력』이라는 책에서 '재물'을 하나님과의 경쟁 신(a rival god)으로 정의했어요. 재물이 하나님과 유일한 라이벌이라는 거죠. 존 마크 코머(John Mark Comer)는 '재물'이 왜 하나님의 유일한 라이벌로 불리는지, 이 시대의 소비문화를 통해 이렇게 표현했어요.

> 쇼핑은 종교의 아성을 무너뜨렸다. 아마존닷컴은 새로운 신전이다. 신용카드가 새로운 제단이다. 더블클릭이 새로운 전례다. 라이프 스타일 블로거들이 새로운 제사장들이다. 돈이 새로운 신이다. 예수님이 언급하신 유일한 신이 맘몬인 데는 이유가 있다.[2]

생각해 보면 정말 그렇지 않나요? 우리 시대에 가장 치열한 영적 싸움은 결국 돈과의 싸움이에요. 돈은 중립적이지 않아요. 오히려 우리를 지배하려고 해요. 그러니 돈에게 노예처럼 끌려다니지 않고 자유롭게 살기 위해서는, 예수님의 좋은 소식(복음)

---

1 강영안, 『강영안 교수의 십계명 강의』 (서울: IVP, 2009), 79-80. '재물'은 헬라어로 '맘모나스(μαμωνᾶς)'인데, 이 단어의 뿌리가 '아멘(Amen)'이라는 말과 같음. '아멘'은 '아만'과 같은 뿌리를 가진 단어로 '참되다', '견고하다'라는 뜻을 가짐.
2 존 마크 코머, 『슬로우 영성』, 정성묵 옮김 (서울: 두란노, 2021), 200.

이 우리 마음에 와닿아야 해요.

복음이 말하는 '돈':
"돈이 아닌, 하나님만이 우리에게 진정한 만족을 주셔."

누가복음에 보면 형과 유산 문제로 다투던 동생이 예수님을 찾아와서 이렇게 부탁해요. "내 형을 명하여 유산을 나와 나누게 하소서"(눅 12:13). 동생은 예수님께서 자신의 형에게 압력을 가하여 유산을 재분배하도록 권면해 주시길 바랐던 거예요. 이에 예수님은 "누가 나를 물건 나누는 자로 세웠느냐"(눅 12:14)라고 대답하셨어요. 예수님께서 왜 이런 청탁을 거절하셨는지 주목해 볼까요? "누가 나를 물건 나누는 자로 세웠느냐!"

동생이 인식한 예수님의 정체성은 '돈 문제를 중재할 수 있는 사람'이었어요. 동생의 세계관은 **'재물=행복'**이었거든요. 재물만이 진정한 만족을 준다고 여겼던 거예요. 그래서 그는 예수님을 '물건(재물) 나누는 자'로 정의했어요. 그에게 구원이란 재물을 소유하는 것이었어요. 그렇기에 자연스럽게 구원자라고 하면 재물을 채워 주는 사람이라고 여겼던 거예요. 예수님께서 거절하신 것은 단순히 유산 재분배 청탁이 아니었어요. 그 너머에 있는 본질적인 문제, 동생의 잘못된 세계관을 거절하신 거예요.

예수님은 '물건 나누는 자'가 아닌, '죄와 사망의 권세에서 구원할 자'이셨어요. 예수님께서 베풀어 주시는 구원은 소유에서 오는 게 아니라, 죄로부터의 해방에서 오는 것이었죠. 그러니 예수님께서 동생의 청탁을 거절하신 본질적인 이유는 '소유=행복'이라는 세속적 세계관을 거부하신 거예요. 예수님의 세계관은 '예수=행복'이거든요. 오직 예수 그리스도 안에서만 진정한 만족을 얻을 수 있다는 것이 복음이기에, 재물은 절대로 예수님을 대체할 수 없다고 여기셨어요.

세상은 '소유=행복'이라는 세계관을 고집한다

그런데 세상은 예수 그리스도를 대체하여 **'소유=행복'**이라는 세계관을 고집해요. 예수님은 동생에게 자신의 세계관을 설명하기 위해 한 가지 비유를 드셨어요. 그 비유에는 한 부자가 등장하는데요. 그는 특정 해에 엄청나게 풍성한 수확을 거두게 되는데요. 그래서 곡식을 저장할 곳간을 더 짓기로 결정했어요(눅

12:16-18). 여기까지는 별 문제가 없어 보이죠?

하지만 이렇게 결정한 그의 마음 동기가 문제였어요. "또 내가 내 영혼에게 이르되 영혼아 여러 해 쓸 물건을 많이 쌓아 두었으니 평안히 쉬고 먹고 마시고 즐거워하자"(눅 12:19). 부자는 자기가 쌓아 놓은 소유가 자기를 평안하게 만들고, 쉬게 만들고, 즐겁게 만들 수 있다고 일종의 신앙고백을 하는 거예요. 이것은 돈이 우리의 주인이 되어 우리 삶을 지배하고 있는 모습이에요. 돈을 위해 모든 것을 희생하고, 돈의 명령에 따라 살아가는 것과 같죠.

인간에게 평안함, 안식, 즐거움을 줄 수 있는 분은 오직 하나님이세요. 그런데 이 부자는 돈이 그것을 대체할 수 있다고 믿고 있는 거예요. 팀 켈러는 우상을 가리켜 "하나님을 대체할 수 있다고 여기는 대상, 즉 '대용품'"이라고 정의하면서,[3] 가장 보편적인 대용품이 돈이라고 했어요.[4] 하나님만 주실 수 있는 안정감, 행복, 평안을 돈이 대신 줄 수 있다고 여긴다면, 그때부터 돈은 우상이 되는 거예요. 이 부자에게는 돈이 우상이었어요.

---

[3] 팀 켈러, 『팀 켈러의 내가 만든 신』, 21.
[4] 위의 책, 108.

데이비드 웰즈(David Wells)도 비슷한 주장을 했어요. 그는 이 시대의 사람들이 정기적으로 쇼핑몰을 찾는 이유가 공허함을 채울 수 있다는 소망 때문이라고 분석했어요. 다시 말해, 사람들이 쇼핑몰을 찾는 이유는 단순히 물건을 사기 위함이 아니라, 예수 그리스도만이 채우실 수 있는 소망을 쇼핑으로 얻을 수 있다고 여기기 때문이라는 거예요. 그는 이렇게 설명해요.

> 상품은 이렇게 현세적인 성전인 쇼핑몰에서 제공되는 성찬의 떡과 포도주로서, 공허함을 느끼는 사람이 손에 넣게 된 구원을 증거하고 중재한다.[5]

이 말이 조금 어렵게 느껴질 수 있어요. 쉽게 풀어 보자면, 교회에서 성찬식을 할 때 떡과 포도주가 우리에게 영적인 위로와 만족을 주듯이, 사람들은 요즘 쇼핑몰에서 물건을 살 때 비슷한 만족감을 얻으려 한다는 거예요. 마음이 허전하거나 외로울 때, '이 옷을 사면 행복해질 거야' 또는 '이 전자 기기를 사면 내 공허함이 채워질 거야'라고 생각하는 거죠. 마치 쇼핑몰이 교회처럼, 상품이 성찬의 떡과 포도주처럼 우리 마음의 빈자리를 채워 줄

---

5 데이비드 웰즈, 『데이비드 웰즈의 윤리실종』, 윤석인 옮김 (서울: 부흥과개혁사, 2007), 153.

것이라 믿는 현상을 설명한 거예요. 그러니 사람들에게 쇼핑은 단순한 소비 행위가 아니라 경배하는 행위인 거죠. 돈에게 경배하면, 돈이 진정한 만족을 준다고 믿기 때문이에요.

돈, 행복을 보장하지 못한다

하지만 실제로 돈은 행복을 보장해 주지 못해요. '소비=행복'이라는 세계관은 거짓이에요. 여기에 **세 가지 근거**를 들어 볼게요.

첫째, 돈이 많다고 해서 항상 더 행복한 것은 아니에요. 연구자들은 '결별점(decoupling point)'이라는 것을 발견했어요. 무슨 뜻일까요? 소득이 어느 정도 수준까지 올라가면, 그 이후로는 돈을 더 벌어도 행복감이 더 이상 증가하지 않는 지점을 말해요. 한국의 경우 이 지점이 월 430만 원 정도라고 해요. 재미있는 건, 이 지점을 넘어서면 오히려 행복 지수가 떨어지기도 한다는 거예요![6]

---

6 김태형, 『가짜 행복 권하는 사회』(고양: 갈매나무, 2021), 45-47.

왜 그럴까요? 높은 소득을 유지하려면 더 많은 시간을 일에 쏟아야 하고, 그러다 보면 가족이나 친구와 보낼 시간은 줄어들게 돼요. 돈은 많아졌지만 정작 중요한 관계는 소홀해지는 거죠. 이러니 행복 지수가 떨어지는 게 당연하지 않을까요?

성경에서 '큰 부자' 하면 떠오르는 사람이 솔로몬왕이죠? 솔로몬도 이 결별점을 경험했어요. "재산이 많아지면 먹는 자들도 많아지나니 그 소유주들은 눈으로 보는 것 외에 무엇이 유익하랴"(전 5:11). "재산이 많아지면 먹는 자들도 많아진다"라는 말은 재산 증식에 따라 소비가 증가하거나 재산을 관리하는 데 드는 비용이 증가한다는 뜻이에요. 아내의 대학 선배는 월 400~500만 원을 벌지만 "이렇게 벌어도 남는 게 없어"라고 말했어요. 일하느라 집에 없으니 아이들 학원비는 더 들고, 퇴근 후에는 요리할 힘이 없어 배달 음식을 시켜 먹고, 회사 모임에 나가려면 옷도 더 사야 해서 지출이 많아진다는 거죠.

수입을 늘리려면 시간과 에너지가 거기에 집중되니까 부족한 시간과 에너지는 벌어들인 수입으로 메워야 해요. 마치 한쪽에서 채우면 다른 쪽으로 새는 구멍 난 양동이 같은 거죠. 그러니 수입에 집중할수록 소비 규모도 커지기 마련이에요. 그래서 우리 주변을 보면, 돈을 많이 버는 사람 중에서도 늘 "나는 돈이 없습니다"라며 부족함을 느끼는 사람들이 있어요. 이건 엄살이 아니라 그들이 진심으로 느끼는 감정이에요. 요즘 투자 관련 강의와 책으로 영향력을 끼치고 있는 최현식 박사와 최윤식 박사도 이와 비슷한 말을 했어요.

> 재산이 많아지면 먹여 살려야 하는 사람도 많아진다. 재산이 늘어나면 지출도 늘어난다. 눈으로 보는 재미는 있겠지만 근심도 많아지고, 그 모든 재산을 다 쓸 수 있는 것도 아니기에 실제로 유익은 별로 크지 않다. 빛 좋은 개살구라는 말이다.[7]

둘째, 돈을 관리하다 보면, 정신적 에너지의 출혈도 커져요. 솔로몬이 다시 한번 하소연하죠. "노동자는 먹는 것이 많든지 적든지 잠을 달게 자거니와 부자는 그 부요함 때문에 자지 못하느니라"(전 5:12). 재산이 많아지면 불어난 재산을 어떻게 유지하고 지킬지 많은 고민을 하고 신경을 써야 해요. 밤에도 자산을 어떻게 굴려야 할지 머리가 풀가동되기 때문이죠. 돈이 없을 때는 몰랐지만 많을 때는 주변에서 도와달라는 사람도 부쩍 많아져요. 이런 것들을 계속 신경 써야 하니 골치가 아프고 잠도 잘 이루지 못하게 되는 거예요.

---

[7] 최현식, 최윤식, 『부의 사명』(서울: 미래세상, 2022), 45.

셋째, 비교 의식과 열등감에 시달린다는 거예요. 소비 사회에서는 행복이 계량화되기 때문이에요. 계량화란 어떤 현상의 특징을 수량으로 표시하는 개념을 가리켜요. 자신의 소비 수준은 연봉, 집 평수, 자동차 cc 등으로 계량화되죠. '소비=행복'의 세계관에서는 행복 지수를 결정하는 것이 곧 자신의 소유 수준이에요. 이것이 바로 행복이 계량화된다는 말이에요.

하지만 계량화의 치명적인 점은 비교가 가능하다는 거예요. 원래 행복은 비교할 수 없어요. 행복을 느끼는 감정은 수량으로 표시할 수 없으니까요. 드러난 수치가 없으니 비교가 불가능한 거예요. 그러나 행복이 계량화되는 순간 곧바로 비교 가능해지겠죠? 30평 아파트를 소유한 것으로 행복을 느끼다가도 50평 아파트를 소유한 사람을 만나면 곧바로 비교가 되면서 열등감이 생기는 거죠. 마치 자신의 키가 170cm로 적당하다고 생각하다가 190cm인 사람을 만나면 갑자기 자신이 작게 느껴지는 것처럼요. 그러니 소유를 행복의 기준으로 삼게 되면 반드시 비교 의식과 열등감이 따라오게 되어 있어요.

이처럼 '소유=행복'은 분명히 거짓 세계관이에요. 그러나 안타깝게도 아직 많은 사람들이 막연하게 돈이 더 있으면 행복할 거라는 신기루를 좇아 불나방처럼 돈을 향해 달려들고 있어요.

마치 사막에서 물을 찾아 헤매는 여행자처럼요. 그 결과, 지금까지 살핀 것처럼 세 가지의 폐해가 생겨요.

> **복음으로 적용하기:**
> "돈에 대한 만족감을 느끼기 위해서는
> 복음을 어떻게 적용해야 할까요?"

적용 1. 돈을 '소유'가 아닌 '소명'으로 대해야 함

'경제'는 영어로 'economy(이코노미)'예요. 이 단어는 헬라어 '오이코스노모스'에서 나온 말로 '청지기'라는 뜻이 있어요. 청지기는 관리인을 뜻하죠. 관리인은 말 그대로 무언가를 관리하는 사람이니 돈을 자기 소유로 여기지 않고, 하나님이 맡겨 주신 것이라 여기고 관리한다는 거예요. 여기에 바로 자유로움의 비밀이 있어요. 리처드 포스터의 『돈, 섹스, 권력』에는 감리교의 창시자 존 웨슬리(John Wesley)가 겪은 이야기가 나와요. 웨슬리는 자신의 집이 불타 버렸다는 소식을 들었을 때 이렇게 외쳤대요. "주님의 집이 타 버렸구나. 나는 한 가지 책임을 덜었다." 많은 사람들은 자기 집이 불에 타 버리면 아마도 망연자실할 거예요. 내 소유가 눈앞에서 죄다 불에 타 사라져 버렸으니까요. 하지만 웨슬리는 홀가분해했어요. 그 이유는 그 집을 자신의 소유로 여기지 않았기 때문이에요. "주님의 집이 타 버렸구나." 즉, 그에게 집이란 자기 소유가 아닌 주님의 소유였어요. 그러니 집이 불에 타 사라져도 극단적으로 실망하지 않았던 거예요. 오히려 자신이 관리할 대상이 줄었으니 홀가분해했던 거죠.

교회 부서에서 회계를 선출할 때, 대개 다들 이를 기피해요. 왜죠? 어차피 자기 돈도 아닌데 관리를 해야 하니 부담되기 때문이죠. 맡더라도 조금만 맡아 관리하는 것이 자유롭겠죠? 웨슬리의 마음이 바로 이러했을 거예요. 우리도 돈에 대해 이런 시각을 가질 때 자유로움을 느끼게 되지 않을까요? 돈을 자기 것으로 여기는 '소유'의 태도가 아닌, 돈을 관리 대상으로 여기는 '소명'의 태도 말이에요.

돈에 대한 시각이 돈의 위치를 결정한다

돈을 **소유로 대하느냐**, 혹은 **소명으로 대하느냐**로 돈의 위치가 달라져요. 소명으로 돈을 대하는 사람은 돈의 위치가 발 앞이에요. "그중에 가난한 사람이 없으니 이는 밭과 집 있는 자는 팔아 그 판 것의 값을 가져다가 사도들의 발 앞에 두매 그들이 각 사람의 필요를 따라 나누어 줌이라"(행 4:34-35). 돈이 발 앞에 있다는 것은 사람이 돈을 다스린다는 걸 상징해요. 마치 반려견이 주인 발 앞에 앉아 명령을 기다리는 것처럼요.

반면에 소유로 돈을 대하는 사람은 돈의 위치가 머리 위에 있어요. 성경에 나오는 아나니아와 삽비라 부부가 이 모습을 잘 보여 주죠. "아나니아라 하는 사람이 그의 아내 삽비라와 더불어 소유를 팔아 그 값에서 얼마를 감추매 그 아내도 알더라 얼마만 가져다가 사도들의 발 앞에 두니"(행 5:1-2). 이 부부는 자신들의 소유를 판 값을 사도들의 발 앞에 두었는데요. 실은 얼마를 감추고, 나머지만 사도들의 발 앞에 가져온 거예요. "감추매"라는 단어는 횡령한다는 뜻이에요. 즉, 하나님께서 맡겨 주신 돈을 횡령하여 자기 소유로 삼으려 했던 거예요. 이들에게 돈의 위치는 머리 위였던 거죠. 돈이 이들 머리 위에 올라타서 부리는, 마치 말 위에 탄 기수처럼 돈이 이들을 타고 원하는 방향으로 이끌어 가는 모습 말이에요. 이 부부는 결국 죽게 돼요. 이 모습은 돈에 조종을 받는 자는 영적으로 죽게 된다는 것을 상징적으로 보여 주는 거예요.

돈의 위치가 인생을 결정한다

돈을 소유로 대하는 사람

돈이 머리 위에 있다

- 돈이 주인이 되어 삶을 지배한다
- 돈에게 조종당하고 끌려다닌다
- 욕심으로 불안과 염려가 커진다

성경 사례: 아나니아와 삽비라
"그 값에서 얼마를 감추매…"(행 5:2)

돈을 소명으로 대하는 사람

돈이 발 아래 있다

- 사람이 주인이 되어 돈을 다스린다
- 하나님이 맡기신 청지기로서 관리한다
- 만족과 평안함으로 자유롭게 살아간다

성경 사례: 초대교회 신자들
"…그 판 것의 값을 가져다가 사도들의 발 앞에 두매…"(행 4:34-35)

"돈을 소유가 아닌 소명으로 대하라"

영국의 한 여행자가 아프리카 정글을 여행하는 동안 현지 부족민을 짐꾼으로 고용했어요. 그는 더 빨리 목적지에 도착하고 싶어 짐꾼들에게 웃돈을 준다고 제안했지만, 짐꾼들은 거절했어요. 이유가 뭘까요? 자신의 영혼이 자신의 몸을 따라오길 기다리고 있다는 거였어요.[8] 이 짐꾼들에게 돈의 위치는 머리가 아닌 발이었어요. 그들에게는 돈을 다스릴 줄 아는 능력이 있었던 거예요. 이 능력이 그들을 자유롭게 했죠. 우리도 돈의 위치

---

8 존 마크 코머, 『슬로우 영성』, 65.

가 발 앞에 있어야 해요. 그래야 돈에게서 집어삼킴당하지 않고 돈을 다스릴 수 있어요. 이를 위해 돈을 '소유'가 아닌 '소명'적 관점으로 바라봐야 해요.

돈의 노예에서 은혜의 증인으로

아래의 글은 돈을 우상으로 좇다가 돈에게서 배신당한 박미경 성도의 간증이에요.

> 부모님은 돈 때문에 다투시는 일이 많았습니다. 이런 모습을 보며 자란 저는 어느새 돈 욕심이 가득 차 있었습니다. 부모님의 인도로 교회는 다녔으나 기복신앙으로 매번 "돈 많은 부자가 되게 해 주세요"라고 기도했습니다. 그러다가 저는 모태 신앙인인 남편의 잘생긴 외모와 호감 가는 첫인상에 이끌려 그와 결혼했습니다. 헬기 조종사인 남편 덕분에 물질까지 넉넉하니 하나님께서 큰 기적을 베풀어 주셨다며 기뻐했지만, 그것은 오래가지 않았습니다. 남편은 집에 오면 명령과 잔소리로 저를 노예처럼 무시했고, 시댁에서는 때마다 돈을 요구했습니다. 저는 화병으로 점점 죽어갈 뿐이었습니다. 시댁 식구들은 빌려 간 돈을 갚지 않았고, 제가 갚기를 요구할 때면 시아버지는 되레 욕설을 퍼 부으셨습니다. 그러다가 돈에 대한 집착으로 아파트 투자를 했다가 결국 손실만

> 보고 팔기도 했습니다. 그 후, "믿음의 공동체를 만나 인생의 방황을 그치고 싶어요"라고 기도했는데, 그 응답으로 저희 가족은 말씀을 묵상하는 공동체에 속하게 되었습니다. 그럼에도 저는 또다시 돈 우상에 미혹되어 남편의 퇴직금과 무리한 대출로 남동생에게 사업 자금을 대 주었다가 망하게 되었습니다. 이 사건으로 하나님은 저의 돈 우상과 가족 우상을 깨뜨리시고, 신용불량자가 된 저를 물질로 훈련하셨습니다. 아직 빚을 갚아 나가야 하기에 보기에는 지질하고 고생스럽지만, 하나님께서 저를 택하여 예수님의 십자가 사랑으로, 어린양의 이름을 새겨 주시니 기쁘고 감사할 따름입니다.[9]

이 성도는 돈을 우상으로 좇았어요. 그러면 행복할 줄 알았죠. 하지만 그녀는 돈 때문에 관계가 다 깨지고 신용불량자가 되는 아픔을 겪었답니다. 그런데 이 모습은 그리 극단적인 경우가 아니에요. 우리 주변에서 흔히 볼 수 있는 모습이죠. 돈 때문에 가족 간의 의가 상하기도 하고, 심지어는 친구와 친척에게 사기를 치기도 해요. 따라서 우리는 돈의 위치를 머리가 아닌, 발 아래 두어야 해요. 우리가 가진 돈에 대해서도 '나의 것'이라는 소유의 태도가 아닌, '하나님의 것'을 관리하는 소명의 태도를 가져야 해

---

9 「큐티인(QTM) 2021년 11/12월호」, 195.

요. 그러면 자유로워질 수 있어요.

적용 2. 염려를 경계해야 함

예수님은 유산 분배 문제를 가지고 온 동생과 헤어지시고는, 곧바로 제자들에게 염려하지 말 것을 말씀하셨어요. "또 제자들에게 이르시되 그러므로 내가 너희에게 이르노니 너희 목숨을 위하여 무엇을 먹을까 몸을 위하여 무엇을 입을까 염려하지 말라"(눅 12:22). 돈을 경계시키는 상황에서, 예수님은 왜 갑자기 '염려'라는 주제를 꺼내 드셨을까요? 바로 탐심을 경계하기 위함이었어요.

코로나 팬데믹이 시작된 이후, 우리나라는 '투자'라는 명목하에 '투기'의 광풍이 불었어요. '주.부.코(주식, 부동산, 코인)'의 광풍이었죠. 많은 이들이 너나 할 것 없이 주식과 코인 거래에 뛰어들었고, 하루 종일 컴퓨터 모니터와 핸드폰만을 들여다보며 거래 현황을 확인했어요.

하루는 제가 엘리베이터를 탔는데, 안에 있던 7~8명의 사람들이 모두 핸드폰의 주가 현황을 들여다보고 있었어요. 실제로 당시 많은 사람들이 직장을 그만두고 주식 전업 투자자로 전향하기도 했고, 십수 년을 모아 놓은 적금을 해약하고서 '주.부.코'에 올인했죠. 이런 현상들은 건전한 투자라고 하기에는 너무 과열된 것이었어요. 당시 대한민국은 투기의 광풍 속에 있었는데요. 이는 대한민국 전반이 탐심에 지배당한 모습이라고도 볼 수 있었죠.

그런데 투기판에 뛰어든 대부분의 사람은 자신이 탐심에 지배당한다고 생각하지 않았어요. 왜 그랬을까요? '코로나가 터져 미래가 더 불확실해졌으니, 미래를 위해 대비했을 뿐이다', '먹고 살기 위한 어쩔 수 없는 선택이었다', '노후를 준비해야 하니까 어쩔 수 없는 거야'라고 생각했기 때문이에요. 자신의 '투기'에 생계와 미래 준비라는 구실로 '투자'라는 정당성을 부여했죠. 그러니 다른 사람은 몰라도 자신만큼은 탐심에 해당하지 않는다고 생각한 거예요. 통계 결과에 따르면, 우리나라 중산층의 10명 중 6명은 자신을 빈곤층이라고 여긴대요.[10] 자신을 빈곤층으로 여기니 투기를 하더라도 그것이 당장의 생계와 불확실한 미래

---

10 임지선, "중산층 10명 중 6명 '나는 빈곤층'", 한겨레신문, 2016년 11월 29일, https://www.hani.co.kr/arti/economy/finance/772502.html.

를 위한 대비일 뿐이라는 정당성을 자신에게 부여하는 거예요. 최현식 박사와 최윤식 박사는 이런 심리를 꿰뚫어 봤어요. "나는 가난하기 때문에, 잉여 재산이 적기 때문에 돈에 얽매이고, 의지하며, 물들고, 사랑하는 죄를 범하지도 않는다."[11] 이 말이 무슨 말일까요? 자신을 가난하다고 여기는 사람들은 설령 투기적 행동을 하더라도 그것이 탐심에서 비롯된 것이 아니라 생존을 위한 불가피한 선택이라고 자신을 정당화한다는 거예요.

사람들은 보통 '욕심'에 대해서는 죄악시하지만 '염려'에 대해서는 궁휼히 여기는 것 같아요. 욕심 많은 사람은 비윤리적이라고 여기지만, 걱정 많은 사람에 대해서는 연약하다고 여기죠. 이것이 '염려'에 부여된 정당성이에요. 그래서 탐심은 자주 '염려'의 모습으로 변장하여 사람의 내면으로 쉽게 들어와요. 마치 늑대가 양의 탈을 쓰고 양 떼 속으로 들어오는 것처럼요. 그래서 팀 켈러는 "탐심이란, 돈을 사랑하는 마음만이 아니라 돈에 대한 과도한 염려"[12]라고 주장했어요. 탐심이 염려의 모습으로 변장할 수 있기에 염려를 경계해야 한다는 것이죠. 그래서 예수님도 염려하지 말 것을 강하게 명령하신 거예요. 예수님께서 피도 눈

---

11 최현식, 최윤식, 『부의 사명』, 34-35.
12 팀 켈러, 『팀 켈러의 내가 만든 신』, 105.

물도 없는 분이라 우리의 생계적 어려움을 공감하지 못해서 하신 말씀이 아니에요. 돈의 마력은 반드시 인간의 염려를 통로 삼아서 우리 내면에 들어와요. 그래서 예수님은 염려를 금지하신 거예요. 염려를 하지 않아야 탐심에 지배당하지 않고, 탐심에 지배당하지 않아야 돈의 종이 되지 않고, 돈을 다스리며 만족할 수 있게 되거든요.

In God We Trust: 달러 지폐가 말하다

시편에 기록된 다윗의 증언은 우리가 염려하지 않아도 되는 이유를 알려 주어요. "내가 어려서부터 늙기까지 의인이 버림을 당하거나 그의 자손이 걸식함을 보지 못하였도다"(시 37:25). 다윗은 하나님의 백성이 굶거나 구걸하는 걸 본 적이 없다고 증언해요. 다윗이 경험했던 하나님이 바로 우리의 하나님이세요. 하나님께서 우리를 지키시니 염려하지 않아도 돼요. 미국 달러 지폐에는 "**In God We Trust.**"(우리는 하나님을 신뢰합니다)라는 문구가 있어요. 돈을 믿지 않고 하나님을 믿으라는 메시지죠. 돈이 우리를 책임지지 않아요. 우리를 책임지는 분은 오직 하나님이세요. 그 하나님을 신뢰함으로 염려를 멀리하세요. 그러면 돈에 지배당하지 않고 돈을 다스리게 될 거예요. 돈을 발 앞에 두고 하나님을 머리 위에 모시는 삶, 그것이 진정한 만족을 가져다주는 복음적인 삶이에요!

개인 묵상을 위한 미션

자기 평가

1. 돈에 대해 가장 자주 느끼는 감정은 무엇인가요? 아래의 감정 중 자신이 돈에 대해 가장 자주 느끼는 감정에 체크해 보세요.

   ☐ 불안/걱정

   ☐ 열망/욕구

   ☐ 만족/안정

   ☐ 감사/기쁨

   ☐ 부족함/열등감

   ☐ 죄책감/부담

   ☐ 기타:

2. 이 감정을 느끼는 이유는 무엇인가요? 돈에 대한 당신의 현재 태도를 형성하는 데 있어 가장 큰 영향을 미친 경험이 있다면 무엇인가요? 그로 인해 현재 당신은 돈에 대해 어떤 태도와 생각을 갖고 있나요? 예시를 참고하여 자신을 성찰한 후 나의 이야기를 써 보세요.

예시

나는 돈에 대해 불안/걱정을 가장 자주 느낀다. 어릴 때 가정 형편이 어려웠던 경험 때문에 항상 '돈이 부족하면 어떡하지?'라는 생각이 마음 한구석에 있다. 이런 감정은 내 삶에서 과도한 저축과 소비에 대한 지나친 망설임으로 나타나며, 때로는 하나님께서 공급하실 것이라는 믿음보다 내 통장 잔고를 더 의지하게 만든다.

나의 이야기

_____
_____
_____
_____

3. 현재의 나는 돈을 어떻게 사용하는 사람인가요?

☐ 충동적으로 지출하는 편이다
☐ 미리 계획을 세워 사용하는 편이다
☐ 나를 위한 소비가 많은 편이다
☐ 다른 사람을 위한 소비가 많은 편이다.
☐ 돈을 잘 쓰지 않는 편이다
☐ 기타:

4. 소비 성찰하기

우리의 소비 결정은 단순한 구매 행위를 넘어 우리의 가치관과 우선순위를 보여 줍니다. 이 성찰은 소비의 이면에 있는 동기를 이해하고, 우리의 선택이 자신과 타인에게 미치는 영향을 고려하는 기회이며 연습입니다.

① 최근 구매한 물건은 무엇인가요?:
② 가격:
③ 구매 시기(예정 시기):

▶ **아래 질문에 답하며 이 구매를 분석해 보세요.**

① 이것은 실제 필요에 의한 구매인가요, 감정에 의한 구매인가요?
② 이 소비가 나의 어떤 감정에서 비롯되었나요? (ex: 스트레스 해소/인정 욕구/ 안정감/ 자신감 등)
③ 이 소비 결정이 타인이나 환경에 미치는 영향은 무엇인가요?

변화하기

1. 최근의 지출 내용과 감정을 기록하고 지출 동기에 체크해 보세요.

※ 머리 위의 돈: 내가 돈의 노예가 되어 사용하는 돈
　　　　　　　(과시, 비교, 불안 해소를 위한 소비)
　발 아래의 돈: 내가 돈의 주인이 되어 사용하는 돈
　　　　　　　(실제 필요, 성장, 나눔, 하나님 나라 확장)

번호	지출 내용	감정	지출 동기
예시1	커피숍에서 비싼 음료 주문	인정 욕구/ 자기 보상 심리	☐ 머리 위의 돈 ☐ 발 아래의 돈
예시2	교회 청년부 모임 간식 제공	감사함/기쁨	☐ 머리 위의 돈 ☐ 발 아래의 돈
1			☐ 머리 위의 돈 ☐ 발 아래의 돈
2			☐ 머리 위의 돈 ☐ 발 아래의 돈
3			☐ 머리 위의 돈 ☐ 발 아래의 돈
4			☐ 머리 위의 돈 ☐ 발 아래의 돈
5			☐ 머리 위의 돈 ☐ 발 아래의 돈

2. '머리 위의 돈'으로 분류된 지출 중 자주 발생하는 패턴 하나를 선택하여 '발 아래의 돈'으로 전환할 구체적인 계획을 세워 보세요.

예시

① 배달 음식을 집밥으로 대신하기

② 지인의 선물을 구매할 때 가격보다는 의미에 신경 쓰기

③ 커피를 줄이고 그 돈으로 후배들 밥 사 주기

나의 계획

① _____

② _____

③ _____

소그룹 나눔을 위한 질문

1. 돈에 대해 내가 자주 느끼는 감정은 무엇인가요? 이 감정이 생긴 이유나 계기가 있다면 함께 나누어 보세요.

   _____

2. 개인 미션을 작성하면서 '아, 내가 이런 사람이었구나' 하고 나에 대해 새롭게 알게 된 점이 있다면 무엇인가요?

   _____

3. 이번 주, 돈을 더 의미 있게 사용하기 위해 어떤 실천을 해 보고 싶은가요?

   _____

4. 다른 사람의 이야기를 듣고서 새롭게 깨달은 점이 있다면 무엇인가요?

   _____

03 시간과 복음

"타임 푸어에서 타임 리치로"

16 세월을 아끼라 때가 악하니라 17 그러므로 어리석은 자가 되지 말고 오직 주의 뜻이 무엇인가 이해하라 18 술 취하지 말라 이는 방탕한 것이니 오직 성령으로 충만함을 받으라 _엡 5:16-18

여러분, 이런 말 많이 들어 보셨죠? "바쁘다 바빠. 시간이 너무 부족해", "시간은 돈이야. 최대한 효율적으로 써야 해", "매 순간을 생산적으로 써야 해. 남들에게 내 시간을 내어주는 건 허비하는 거야" 같은 말이요. 그리고 SNS에는 **#타임푸어 #효율적시간관리 #생산성향상** 같은 해시태그와 함께, 하루를 5분 단위로 쪼개 사용하는 플래너, 수면 시간을 줄이는 방법, 빠르게 독서하는 방법을 공유하는 콘텐츠가 넘쳐 나는 것 같아요.

우리는 왜 이토록 시간에 쫓기며 살아가게 되었을까요? 그 이유는 아마도 **시간 사용의 목적이 '성취'**에 있기 때문일 거예요. 생각해 보세요. 성취에는 끝이 없어요! 한 가지를 이루면 또 다른 목표가 생기고, 그것을 이루면 더 높은 목표가 나타나죠. 그러니 아무리 많은 시간을 써도 항상 시간이 부족하다고 느끼는 거예요. 이런 지속적인 성취 압박 속에서 우리는 '효율성'이라는 함정에 빠지게 돼요. 더 많은 일을 해 내기 위해 '시간 대비 산출량'을 극대화하려고 하죠. 직장에서는 같은 시간에 더 많은 업무를, 학교에서는 짧은 시간에 더 많은 지식을 습득해야 한다는 압박을 받아요.

결국, 이 효율성 추구는 **'빠름'에 대한 강박**으로 이어져요. 더 많은 성취를 이루려면 어떻게 해야 할까요? 당연히 빠르게 움직여야겠죠. 그래서 우리는 점점 더 '빨리빨리' 문화에 익숙해지고 있는 거예요. 식사도 빨리, 걷기도 빨리, 일 처리도 빨리, 심지어 유튜브 영상도 1.5배속으로 시청하며 '시간 절약'을 추구하게 된 거죠.

그런데 이 바쁨과 분주함이 우리 삶을 파괴하고 있다는 사실, 알고 계셨나요? 존 마크 코머는 이렇게 경고했어요. "우리는 너무 많은 것을 너무 빨리 하면서 바쁨을 더욱 가속화한다. 그러면 영적 삶이 죽고, 감정적 에너지가 고갈되고, 필연적으로 영혼이 시든다."[1] 켄 시게마츠(Ken Shigematsu)도 한자 바쁠 망(忙)이 마음(心)과 죽음 망(亡)에 해당하는 두 문자를 합친 것이라고 말하면서, 바쁨은 결국 내면의 죽음을 가져오게 된다고 경고했는데요.[2] 생각해 보면, 정말 그렇지 않나요? 바쁘게 살면서 정작 내 마음은 죽어가는 경험, 다들 한 번쯤 해 보셨을 거라고 생각해요.

성취를 목적으로 시간을 사용한 결과

성취를 목적으로 시간을 사용하니 '빠르게' 시간을 사용하게 되었어요. '빠름'에는 분명 좋은 점이 있어요. 덕분에 기술이 발전하고 우리의 삶은 더욱 편리해졌죠. 하지만 '바른 방향'이 없는 '빠름'은 큰 문제를 일으켜요. 그중에 대표적인 문제를 꼽으라고 한다면, 바로 '산만함'이에요. **바른 방향이 없는 빠름은 산만함을 일으키기 마련이에요.**

---

1 존 마크 코머, 『24시간 나의 예수와』, 정성묵 옮김 (서울: 두란노, 2024), 224-225.
2 켄 시게마츠, 『상황에 끌려다니지 않기로 했다』, 정성묵 옮김 (서울: 두란노, 2019), 62.

빠른 효과를 위해서 요즘 우리는 여러 일을 동시에 하는 '멀티태스킹(multitasking)'을 많이 해요. 공부하면서 음악 듣고, 밥 먹으면서 유튜브 보고, 걸으면서 메시지를 확인하곤 하죠. 철학자 한병철 교수에 따르면, 사실 이런 행동은 야생 동물들이 생존을 위해 하는 것과 비슷하다고 해요. 먹이를 먹으면서 동시에 포식자를 경계하는 모습이죠. 그런데 현대인들도 더 많은 일을 '빨리' 하려고 멀티태스킹을 하다 보니 결국 짐승처럼 산만해졌다는 거예요![3]

산만해짐에 따른 결과는 어떨까요? 연구에 따르면, 2000년도에는 사람의 주의 집중 시간이 12초였는데, 그 후에는 8초로 떨어졌다는 충격적인 조사 결과도 있었어요. 금붕어의 집중 시간이 9초라고 하니, 빠름이 불러일으킨 인간의 산만함은 인간의 집중력을 금붕어보다 못하게 만들어 버린 셈이에요.[4] 여러분, 우리의 집중력이 금붕어만도 못하다고 하니 너무 충격적이지 않나요?

왜 이렇게 됐을까요? 이 현상의 근본 원인은 우리가 **시간을**

---

3   존 마크 코머, 『슬로우영성』, 256에서 한병철의 말을 재인용.
4   위의 책, 58.

바라보는 관점에 있어요. 세상은 대개 시간을 '소비하고 활용해야 하는 자원'으로만 봐요. 이런 관점에서 시간은 단지 더 많은 성취를 위한 도구일 뿐이죠. 이처럼 시간에 대한 세상의 관점은 우리를 끊임없는 효율성 추구와 빠름의 함정에 빠뜨려요. 그 결과 우리는 집중력 저하와 산만함의 문제를 겪게 되죠. 하지만 시간에 대한 하나님의 관점이 있는데요. 이제 시간에 관한 좋은 소식(복음)을 살펴보면 우리는 시간의 진정한 의미와 기쁨을 발견할 수 있을 거예요.

복음이 말하는 '시간 사용':
"구원을 위해 시간을 사용해야 기뻐."

예수님은 우리의 구원자예요. 그분은 이 정체성에 맞게 공생애의 모든 시간을 사용하셨어요. 사람들을 구원하기 위해 모든 시간을 쓰셨죠. 예수님의 3대 사역은 가르침(teaching), 전파함(preaching), 고치심(healing)이에요(마 4:23). 예수님은 매일매일의 시간을 남들을 구원하기 위해 가르치고, 전파하고, 고치는 데 사용하셨어요. 이는 시간 사용의 목적이 구원이어야 함을 의미해요. 이는 오순절 성령 강림 사건 때에도 드러나요.

오순절에 성령을 받은 120명은 "하나님의 큰일"을 방언으로 말했어요.(행 2:11). 베드로는 그 큰일이란 바로 "누구든지 주의 이름을 부르는 자는 구원을 받으리라"(행 2:21)라는 것이라고 설명했죠. 결국 "하나님의 큰일"은 '구원'을 의미했던 거예요. 여기서 구원이란 단지 '영혼 구원'만을 의미하지 않아요. 삶의 모든 영역에서 하나님의 통치가 이루어지는 **전인적 회복**을 말해요. 관계의 회복, 일의 회복, 창조 세계의 회복, 문화의 회복까지 포함하는 거죠.

윌리엄 거널(William Gurnall)은 인간의 삶에 있어서 전인적 구원이 얼마나 고귀한 가치를 가졌는지에 대해 이렇게 표현해요. "언약 속에 약속된 모든 것들을 한 데 묶어 놓으면 그 총체가 바로 구원이다."[5] 히브리서에서도 구원을 '큰 구원(a great salvation)'이라고 칭하기도 했어요(히 2:3). 여기서 우리는 구원을 수식하는 단어가 '큰(great)'이라는 것에 주목해야 해요. 구원의 가치가 그만큼 크다는 거예요. 그러니 **시간 사용의 목적은 구원에 있어야 한다는 거죠.**

바울은 "세월을 아끼라 때가 악하니라"(엡 5:16)라고 했어요. 여

---

[5] 윌리엄 거널, 『그리스도인의 전신갑주 2』, 원광연 옮김 (서울: CH북스, 2019), 233.

기서 '아끼다'라는 말은 원래 '건져 올리다'라는 뜻을 가지고 있어요. 마치 강물에 빠진 보물을 건져 올리듯, 흘러가는 시간을 소중하게 붙잡으라는 의미죠.[6] 건져 올리지 않는 시간은 다 떠내려간다는 거예요. NIV 성경은 이 구절을 "making the most of every opportunity"(최대한 모든 기회로 만들어라)라고 번역했어요. 모든 시간을 삶의 모든 영역에서 하나님의 통치가 이루어지는 전인적 구원을 위한 기회로 만들라는 의미죠. 이렇게 시간을 사용할 때, 비로소 우리는 시간의 속도에 쫓기지 않고서 시간을 활용하는 기쁨을 경험하게 되는 거예요.

예수님의 제자들은 원래 물고기라는 '성취'를 건져 올린 어부들이었어요. 그런데 예수님은 그들을 "사람을 낚는 어부"로 부르셨고, 제자들은 그물을 버려두고서 예수님을 따랐어요(마 4:19-20). 우리도 마찬가지예요. 우리에게 주어진 시간을 구원을 낚는 데 써야 해요. 그럴 때 비로소 온전한 만족에 이르게 될 거예요.

---

6 이재철, 『사랑의 초대』, (서울: 홍성사, 2019), 18.

시간 사용의 두 가지 방식

성취 중심의 시간 사용

빠름의 함정

- '효율성'에 집착하는 시간 사용
- 멀티태스킹으로 산만함 증가
- 성과주의로 인한 삶의 단조로움

결과: 타임푸어(Time Poor)
"바쁨이 내면의 죽음을 가져온다"

구원 중심의 시간 사용

의미의 풍요

- 구원의 관점으로 시간을 '건져 올림'
- 집중과 깊이를 통한 의미 발견
- 쉼과 안식을 통한 하나님 경험

결과: 타임리치(Time Rich)
"세월을 아껴 영원한 가치를 얻음"

"시간을 성취가 아닌 구원을 위해 사용하라"

복음으로 적용하기:
"구원을 목적으로 시간을 사용해야 만족감이 생겨."

성경은 시간 사용의 목적이 '성취'가 아니라 '구원'이라고 봐요. 따라서 우리가 구원을 위해서 시간을 사용할 때, 타인의 구원을 이룰 수 있고, 나의 구원도 이룰 수 있는 거예요.

타인의 구원을 이루기 위한 시간 사용

먼저, 타인의 구원이 이루어지는 경우를 볼까요? 맹인 바디매오가 예수님과 제자들 앞에 나타나 치료해 달라고 외쳤을 때, 제자들은 어떻게 반응했나요? 맹인 바디매오를 꾸짖었어요(눅 18:39). 왜 그랬을까요? 예루살렘으로 빨리 도달하려는 성취를 이루고 싶었기 때문이에요. 이 목표를 성취하는 데 바디매오가 방해된다고 생각했던 거죠. 그런데 예수님은 어떻게 하셨나요? "예수께서 **머물러 서서** 명하여 데려오라 하셨더니…"(눅 18:40). 예수님은 걸음을 멈추셨어요. 예루살렘에 더 빨리 입성하는 '성취'보다 한 영혼의 '구원'을 위해 시간을 쓰는 것이 더 중요하다고 보신 거예요. 일본 신학자 고스케 고야마(小山 晃佑)는 이렇게 말했어요.

> 하나님이 사랑이 아니시라면 훨씬 빨리 가실 것이다. 사랑에는 나름의 속도가 있다. 그것은 내적 속도다. 그것은 영적 속도다. 그것은 우리에게 이미 익숙한 첨단 기술의 속도와는 다른 종류의 속도다. 이 속도는 '느리지만' 사랑의 속도이기 때문에 다른 모든 속도를 추월한다.[7]

---

7   존 마크 코머, 『슬로우 영성』, 40.

이날 예수님은 예루살렘에 빨리 도착하는 '성취'보다, 조금 느리더라도 바디매오를 위한 '구원'을 택하셨어요. 정진석 추기경은 "남을 위해 자신의 시간을 내어주는 것이 가장 큰 희생"[8]이라고 했는데요. 타인을 위해 시간을 사용할 때 바로 구원이 시작되기 때문이에요.

빌리 그레이엄(William Graham) 목사님의 이야기를 들려 드릴게요. 어느 날 그가 소규모 리더십 강연에 초청되었는데요, 갑자기 사라지는 바람에 경호원들이 깜짝 놀라 찾아다니는 소동이 벌어졌대요. 나중에 보니 목사님은 무대 한쪽에서 울며 기도하고 있었다고 해요. "하나님, 하나님 없이는 이 일을 해 낼 수 없습니다. 하나님, 오늘 제가 설교하기 위해서는 하나님의 능력이 필요합니다."[9] 빌리 그레이엄 목사님은 세계적인 강연가였고, 수많은 청중 앞에서 설교한 경험이 많았어요. 자기 경험이나 연륜, 카리스마로 얼마든지 강연을 할 수 있었죠. 게다가 '성취'의 관점에서 보면, 기도하는 시간은 '낭비'처럼 보일 수도 있었어요. 어쩌면 역동적인 강의 퍼포먼스를 위해 원고를 한 번 더 보고 올

---

8   김한수, "[김한수의 오마이갓] 정진석 추기경의 '시간 나눔'과 법정 스님의 '빼빼용 의자'", 조선일보, 2021년 5월 5일, https://www.chosun.com/culture-life/relion-academia/2021/05/05/3XYTNT2TT5AEDP46JKNQIPHLOI/.
9   라이언 스쿡, 피터 그리어, 캐머런 두리틀, 『세상을 움직이는 리더의 기도』, 정성묵 옮김 (서울: 두란노, 2024), 17.

라가거나 현장 관계자들과 대화하면서 이런저런 정보를 얻는 것이 더 현명하게 시간을 사용하는 것처럼 보일 수도 있었겠죠. 그럼에도 그는 그 시간을 기도하는 데 사용했어요. 왜 그랬을까요? 강연을 잘해 내는 성취보다 청중들의 구원을 목적으로 두었기 때문이에요. 자신의 강연이 하나님의 능력으로 채워지길, 그리고 청중들의 삶에 변화가 일어나길 기도했던 거죠.

나의 구원을 이루기 위한 시간 사용

유명한 강연가 김미경 씨가 최근 예수님을 영접했대요. 그런데 그녀는 100여 명 직원이 있는 회사를 운영하느라 매달 5-6억 원의 월급을 지급해야 했고, 코로나 이후 매출도 1/10로 줄어서 주말과 저녁을 모두 반납하고 일에만 매달려야 했대요. 모든 시간을 '성취'를 위해 사용했던 거죠. 하지만 상황은 나아지지 않았고, 회사 내에서는 그녀를 비판하는 목소리까지 나왔대요. 결국 그녀는 신경이 곤두서고 내면이 피폐해졌다고 해요. 딸이 아프다는 전화에 "에이씨, 아프고 지랄이야! 나도 힘들어 죽겠는데…"라는 말이 튀어나올 정도로 말이죠. 마치 브레이크 없는 자동차처럼, 그녀는 '성취'라는 내리막길에서 가속페달만 밟고 있었던 거예요.

 그녀의 망가진 모습을 옆에서 쭉 지켜보았던 30년 지기 직원이 걱정스러운 마음으로 "대표님! 더 버티시면 회사 부도나고 거지 됩니다. 이제라도 회사 상황을 직원들에게 솔직히 말하시죠. 더 이상 무리하게 버티시면 안 됩니다. 큰일 납니다"라고 조언했을 때, 그녀의 머릿속에서는 이런 소리가 들렸대요. '야, 쪽팔려. 창피해. 자기 개발한다고 잘난 척하고 사람들에게 열심히 살라고 한 사람이 이렇게 되면 얼마나 창피한 거냐!'

 이처럼 마귀는 우리로 하여금 '성취'라는 덫에 중독되게 해서 우리를 망가뜨려요. 마치 도박에 빠진 사람이 '이번에만 더 하면 만회할 수 있어'라고 생각하듯, 그녀도 성취의 수렁에서 빠져나오지 못하고 있었던 거죠.

 그녀는 이후 더욱 치열하게 성취에 집착했대요. 그럴수록 그녀의 내면은 무너져 가고 있었지만요. 그러던 어느 날, 그녀는 문득 회사 5층에서 뛰어내리고 싶은 자살 충동을 느꼈대요. 자기 심리적 지지대가 완전히 무너지고 만 거예요. 그런데 그때, 우연히 목회자인 언니의 전화를 받았대요. 그녀는 언니에게 통곡하면서 "나 좀 살려 줘"라고 매달렸고, 결국 예수님을 영접하며 회심하게 됐다고 해요.

그 이후 그녀의 시간 사용의 목적은 '성취'에서 '구원'으로 바뀌었대요. 무엇을 이루는 것보다 하나님과 교제하는 것에서 더 많은 회복을 경험했기 때문이에요. 그래서 매일 두 시간씩 하나님과 교제하기 위해 일기를 쓰기 시작했대요. 1년 동안 쓴 일기가 다이어리 10권 분량이라고 해요! 여전히 바쁘지만 하나님과의 관계에서 오는 기쁨이 워낙 크니, 시간을 기꺼이 하나님께 드리는 거예요.[10] 『세상을 움직이는 리더의 기도』라는 책에서는 기도하는 리더를 가리켜 "성취의 제단 앞에 예배하기를 멈추고 자기만족의 환상을 깬 사람들", "생산성을 포기하면서까지 기도를 우선시하는 사람들"이라고 했어요.[11] 김미경 씨는 생산성에 대한 집착을 내려놓고 하나님과 깊은 교제를 통해 하나님 나라의 영적 리더로 세워지게 된 거예요.

예수님도 바쁜 사역 중에도 새벽이면 조용한 곳으로 가서 기도하셨어요. "새벽 아직도 어두울 때에 예수께서 일어나 나가 한

---

10 "누구보다 열심히 잘 산다고 생각했는데, 갑자기…[롬팔이팔 EP.87 - 김미경 대표]", 롬팔이팔, 2024년 11월 20일, 동영상, 44:44, https://youtu.be/KfKOF7SziEI?si=7uio2-5gu8Vqnio9.

11 라이언 스쿡, 피터 그리어, 캐머런 두리틀, 『세상을 움직이는 리더의 기도』, 29.

적한 곳으로 가서 거기서 기도하시더니"(막 1:35). 이렇게 예수님 조차도 사역의 절정에서 기도의 시간을 가지셨듯이, 우리도 삶 속에서 하나님과의 깊은 교제를 통해 진정한 구원의 길을 걸어갈 수 있답니다.

오직 성령으로 충만함을 받으라

중요한 건, 아무리 구원을 위해 시간을 쓰고 싶어도 우리 힘으로는 잘 안 된다는 거예요. 인간은 한계가 있으니까요. 그래서 바울은 이 문제의 해결책을 다음과 같이 제시해 주었어요. "술 취하지 말라 이는 방탕한 것이니 오직 성령으로 충만함을 받으라"(엡 5:18). 이 구절에서는 술과 성령이 대조되고 있어요. 이 둘의 공통점은 뭘까요? 바로 '**지배력**'이에요.[12] 술에 취하면 술의 영향으로 평소와 다른 행동을 하게 되죠? 부끄러운 성격의 사람도 술에 취하면 다른 사람 앞에서 큰 소리로 노래를 부를 수 있게 되는 것처럼요. 술에 지배를 받아 용기가 생긴 거예요. 마

---

[12] Ligonier Ministries, *The Reformation Study Bible: English Standard Version* (2015 Edition) (Orlando, FL: Reformation Trust, 2015), 2099.

찬가지로 성령에 취하면 성령의 힘으로 달라진 삶을 살게 돼요.

여기서 '술'은 이 세상의 방식을 따라 시간을 사용하도록 우리를 통제하는 힘을 비유해요. 이것에 통제당하면 우리는 시간을 오직 '성취'를 위해서만 쓰게 돼요. 고위층 경영진을 상대로 상담하는 메리 벨(Mary Bell)은 "성취는 우리 시대의 술이다"라고 표현하기도 했어요. 그녀의 말은 이렇게 이어져요.

> 프로젝트를 마치면 하늘이라도 날 듯한 기분이다. 하지만 그 감정은 영원하지 못해서 당신은 다시 보통으로 돌아간다. 그래서 '새로운 프로젝트를 다시 시작해야겠다'라는 생각이 든다. 그래 봐야 또 보통이지만 그래도 행복감이 좋으니 또 취해야 한다. 문제는 그 도취감이 오래가지 않는다는 것이다.[13]

마치 중독처럼 성취의 도취감을 느끼기 위해 계속 더 많은 일을 하게 되는 거죠. 김미경 씨처럼, 자신이 망가지면서도 성취의 제단 앞에 모든 시간을 바치게 되는 거예요.

하지만 이런 삶은 시간을 건져 올리지 못하고 결국 낭비하게

---

13 팀 켈러, 『팀 켈러의 내가 만든 신』, 128.

돼요. 바울의 말을 다시 볼까요? "술 취하지 말라 이는 방탕한 것이니…"(엡 5:18). 바울은 술에 취하는 것이 '방탕함'이라고 했어요. '방탕'은 'prodigality'를 의미하기도 하며,[14] 메리엄 웹스터(Merriam-Webster) 사전은 이 단어를 "무모할 정도로 씀씀이가 헤프다"라고 정의했어요.[15] 즉, '방탕'이란 하나님께서 주신 시간을 구원을 위해 쓰지 않고 헤프게 낭비하는 것을 의미해요. 그래서 바울은 "오직 성령으로 충만함을 받으라"라고 했죠. 시간을 제대로 사용하려면 성취의 술에 취하지 말고 **성령님으로 충만해져 성령님께 취해야 한다**고 강조한 거예요.

성령님의 시간 건지기 전략

그렇다면 **성령님께서 어떤 방식으로** 시간을 건져 올리도록 도우시길래 바울은 성령의 충만함을 받으라고 했을까요? 두 가지로 나누어서 말씀드릴게요.

---

14 Ceslas Spicq, O.P. *Theological lexicon of the New Testament* (Peabody, MA: Hendrickson Publishers, 1994), 220.
15 팀 켈러, 『팀 켈러의 탕부 하나님』, 윤종석 옮김 (서울: 두란노, 2016), 20.

첫째, 성령님은 하나님의 사랑을 깨닫게 하셔서 시간을 건지도록 하세요. "소망이 우리를 부끄럽게 하지 아니함은 우리에게 주신 성령으로 말미암아 하나님의 사랑이 우리 마음에 부은 바 됨이니"(롬 5:5). 성령님은 하나님께서 우리를 사랑하신다는 확신을 채워 주세요. 이 사랑을 알게 된 사람은 자기 시간을 구원을 위해 쓰게 돼요. '고기도 먹어 본 사람이 많이 먹는다'라는 말이 있는 것처럼, 사랑을 받아 본 사람이 사랑을 많이 베풀 수 있는 거죠. 이런 사람은 최대의 시간을 활용해 사랑을 베풂으로써 나와 타인의 구원을 위해 시간을 사용하게 돼요.

둘째, 성령님은 시간 사용의 분별력을 주세요. 성령님은 "진리의 영"(요 16:13)으로서, 우리가 시간을 낭비하게 만드는 유혹과 방해물을 분별할 수 있도록 도우세요. 이를 통해 우리는 시간을 구원을 위해서 사용할 수 있게 돼요.

시계가 한 바퀴 돌아가는 것을 'revolution(혁명)'이라고 해요.[16] 모든 시간을 구원의 기회로 보고 건져 올리는 사람은 자기 삶에 혁명을 일으키는 사람이에요. 여러분도 시간 사용에 이런 혁명이 일어나길 원하시나요? 그렇다면 시간을 '성취'가 아닌

---

16 한홍, 『시간의 마스터』 (서울: 비전과 리더십, 2005), 37.

'구원'을 위해서 사용하는 것부터 시작해 보세요!

개인 묵상을
위한
미션

자기 평가

1. 시간에 대해 주로 어떤 감정을 느끼나요? 아래 감정 중 시간을 인식할 때 가장 자주 느끼는 감정에 체크해 보세요.

☐ 불안/초조함

☐ 압박감/스트레스

☐ 아쉬움/후회

☐ 만족/평온함

☐ 기대/설렘

☐ 무력감/좌절

☐ 기타:

2. 위와 같은 감정을 느끼는 이유는 무엇인가요? 시간에 대한 태도를 형성하는 데 있어 당신에게 가장 큰 영향을 미친 경험이 있다면 무엇인가요? 현재 당신은 시간에 대해 어떤 태도와 생각을 갖고 있나요? 예시를 참고하여 자신을 성찰한 후 나의 이야기를 써 보세요.

예시

나는 시간을 확인할 때 주로 불안/초조함을 느낀다. 항상 시간이 부족하다고 느끼고, 해야 할 일이 너무 많아 시간에 쫓기는 느낌이 든다. 이런 감정은 어린 시절부터 '시간을 낭비하면 안 된다'라는 가르침을 받으면서 형성된 것 같다. 이로 인해 항상 무언가를 생산적으로 해야 한다는 압박감을 느끼고, 쉬는 시간조차 불안해한다. 신앙생활에서도 기도나 말씀 묵상을 할 때 '효율적으로' 해야 한다는 생각에 하나님과의 깊은 교제보다 할당된 시간을 채우는 데 집중하게 된다.

나의 이야기

_____

_____

_____

3. 시간 사용에 관해 성찰하며, 다음 질문에 답해 보세요.

① 내 일상에서 시간을 가장 많이 사용하는 활동은 무엇인가요? 이 활동들에 시간을 쓰는 것이 만족스러운가요?
② 무엇을 할 때 시간 사용에 있어 가장 큰 만족감을 느끼나요? 그 이유는 무엇인가요?
③ 내 시간을 사용함에 있어 가장 큰 낭비라고 생각되는 것은 무엇인가요?

> 변화하기

1. 이번 주 '나의 구원'과 '타인의 구원'을 위해 사용할 시간 계획을 구체적으로 작성해 보세요.

	일	실행 계획 (언제, 어디서, 어떻게)
예시	나의 구원을 위해: 매일 아침 30분 말씀 묵상과 기도하기	평일 am 6:30-7:00 / 주말 am 7:30-8:00 일어나자마자, 휴대폰 보기 전 거실 소파에서 진행
예시	타인의 구원을 위해: 요즘 교회에 출석하지 못하는 친구에게 연락하고 만나기	이번 주 목요일 저녁, 친구를 만나 밥을 먹으며 근황 나누기
1	( )의 구원을 위해:	
2	( )의 구원을 위해:	
3	( )의 구원을 위해:	

소그룹 나눔을 위한 질문

1 시간에 대해 내가 자주 느끼는 감정은 어떤 것인가요? 그러한 감정이 생긴 이유나 계기가 있다면 함께 나누어 보세요.

2 개인 미션을 작성하면서 '아, 내가 이런 사람이었구나' 하고 새롭게 알게 된 점이 있다면 어떤 게 있나요?

3 이번 주, 시간을 더욱 의미 있게 사용하기 위해서 무엇을 실천해 보고 싶나요?

4 다른 사람의 이야기를 듣고 새롭게 깨달은 점이 있다면 무엇인가요?

04 일과 복음

"출근 각? 노예 각? 아니, 소명 각!"

26 하나님이 이르시되 우리의 형상을 따라 우리의 모양대로 우리가 사람을 만들고 그들로 바다의 물고기와 하늘의 새와 가축과 온 땅과 땅에 기는 모든 것을 다스리게 하자 하시고 27 하나님이 자기 형상 곧 하나님의 형상대로 사람을 창조하시되 남자와 여자를 창조하시고 28 하나님이 그들에게 복을 주시며 하나님이 그들에게 이르시되 생육하고 번성하여 땅에 충만하라, 땅을 정복하라, 바다의 물고기와 하늘의 새와 땅에 움직이는 모든 생물을 다스리라 하시니라 29 하나님이 이르시되 내가 온 지면의 씨 맺는 모든 채소와 씨 가진 열매 맺는 모든 나무를 너희에게 주노니 너희의 먹을거리가 되리라 30 또 땅의 모든 짐승과 하늘의 모든 새와 생명이 있어 땅에 기는 모든 것에게는 내가 모든

푸른 풀을 먹을거리로 주노라 하시니 그대로 되니라 31 하나님이 지으신 그 모든 것을 보시니 보시기에 심히 좋았더라 저녁이 되고 아침이 되니 이는 여섯째 날이니라 1 천지와 만물이 다 이루어지니라 2 하나님이 그가 하시던 일을 일곱째 날에 마치시니 그가 하시던 모든 일을 그치고 일곱째 날에 안식하시니라 3 하나님이 그 일곱째 날을 복되게 하사 거룩하게 하셨으니 이는 하나님이 그 창조하시며 만드시던 모든 일을 마치시고 그날에 안식하셨음이니라 _창 1:26~2:3

여러분, 주변에서 이런 말 많이 들어 보셨죠? "먹고 살려면 별 수 있나, 싫어도 일해야지!", "출근하기 싫어! 빨리 파이어족이 되자" 같은 말이요. 그리고 SNS에서는 **#월요병 #퇴사각 #워라밸** 같은 해시태그가 넘쳐 나는 것 같아요. "오늘도 출근…"이라는 우울한 메시지와 함께 피곤한 표정의 사진이 올라오거나 퇴사를 알리는 포스팅이 올라오면, 수많은 격려와 공감을 얻고 축하를 받기도 하죠. 솔직히 저도 이런 메시지나 포스팅에 공감할 때가 있어요. 월요일 아침 알람 소리에 눈을 뜨면 '아… 또 한 주가 시작되는구나…' 하는 그 기분, 다들 공감하시죠?

'워라밸'이라는 말이 왜 이렇게 유행하게 됐는지 생각해 본 적 있나요? '워크 라이프 밸런스'의 앞 글자를 딴 말인데, 재밌게도 이 말에는 중요한 단서가 숨어 있어요. '워크(일)'와 '라이프(삶)'를 구분해서 생각한다는 거죠. 마치 '일'은 '삶'이 아닌 것처럼요! 프랑스어로 '노동'을 뜻하는 'travail'이나 라틴어 'labor'의 어원이 '고문'이나 '속박'이라는 건 이러한 인식을 대변해 준다고 할 수 있어요. 일은 나에게 고통을 주고, 나를 가두는 것으로 인식하니까 삶과는 구분하고 싶은 거죠.

이런 인식은 역설적이게도 우리를 더욱 일에 속박되게 만들어요! 일은 피할 수 없으니 하긴 해야 하는데, 즐기지 못하고 마지못해 하니까 우리는 일을 다스리는 게 아니라 일에 주도권을 빼앗기고 끌려다니는 신세가 되는 거예요. 마치 강아지를 산책시키는 데 오히려 강아지가 주인을 끌고 가는 그림처럼요!

일에 길들여진 사람

이스라엘의 역사학자 유발 노아 하라리(Yuval Noah Harari)가 자신의 책 『사피엔스』에서 이와 관련된 이야기를 했어요. 그는 대개 인류가 밀을 길들였다고 생각했지만, 실은 밀이 인간을 길들인 것이라고 주장해요. 사람들은 밀을 재배하기 위해 허리를 구부리거나 펴며 중노동을 했고, 그에 따른 디스크나 관절염 같은 질병을 얻었다는 거예요. 하라리는 '길들이다', '가축화하다'라는 영어 'omesticate'가 '집'이라는 뜻의 라틴어 'domus'에서 왔다고 말했어요. 밀을 더 많이 재배하려는 사람들은 아픈 몸으로 집에 돌아와 쉬었다가 다시 일하러 나갔는데, 그들에게 집은 짐승의 '우리'와 다를 바 없었던 거죠. 이것이 사람들이 일에 길들여진 모습이라는 거예요.

이런 관점에서 보면, 현대 사회에서는 밀밭 대신 사무실과 공장이 우리를 길들이는 공간이 된 셈이에요. 스마트폰과 노트북은 우리를 부리는 도구가 되어 퇴근 후에도 업무에서 완전히 벗어나기 어렵게 만들었죠. 결국 우리는 24시간 언제든 '일'의 부름을 받을 준비가 된 현대판 '길들여진 인간'이 된 거예요.

이런 식으로 일을 대하면 어떻게 될까요? 우리는 일의 '노예'가 돼요! 스스로 주체성을 잃고 일의 도구가 되어 버리는 거예요. 마지못해 하는 일은 업무 효율이 떨어지고, 창의력도 사라지고, 동료와의 협업도 즐겁지 않게 돼요. 마치 '의무감'으로 모임에 참석해 자리만 차지하고 있는 사람처럼요.

우리… 왜 이렇게 됐을까요? 바로 '일'에 복음이 적용되지 않았기 때문이에요. 복음은 '좋은 소식'이라는 뜻이에요. 일에 대한 좋은 소식이 우리 마음에 와닿지 않으니, 세상의 부정적 관점이 우리 생각을 지배하게 된 거죠. 그래서 일에 관한 좋은 소식을 살펴볼 때 우리는 일의 의미와 기쁨을 발견할 수 있어요.

복음이 말하는 '일':
"일은 본래 기쁨을 주는 선물이야."

> 아담에게 이르시되 네가 네 아내의 말을 듣고 내가 네게 먹지 말라 한 나무의 열매를 먹었은즉 땅은 너로 말미암아 저주를 받고 너는 네 평생에 수고하여야 그 소산을 먹으리라 _창 3:17

이 말씀은 아담이 타락한 후, 타락의 형벌로서 수고해야 소산을 먹게 되었음을 말해 주고 있어요. 이 말씀 때문에 많은 사람들이 '아하! 일은 죄의 결과로 주어진 형벌이구나!'라고 생각하는데요. 잠깐만요! 성경을 자세히 보면 타락 전에 이미 일함이 있었어요. "여호와 하나님이 그 사람을 이끌어 에덴동산에 두어 그것을 경작하며 지키게 하시고"(창 2:15). 아담은 타락 전에도 창조 세계를 경작하는 일을 했어요. 즉, 타락하는 장면이 나온 창세기 3장 전에 창세기 2장에서 일함이 먼저 있었음을 말하는 거예요! 그러니 일하는 것 자체가 형벌은 아니죠.

그러면 인류에게 '일'은 어떤 의미였을까요? 하나님께서 인류에게 주신 선물로 이해해야 해요. 하나님께서 일을 대하시는 모습을 보세요. 하나님은 천지를 창조하시는 일을 하시면서 매일 "보시기에 좋았더라"라고 말씀하셨어요. "좋았더라"라는 단어는 히브리어로 '토브'인데, 기쁨을 표현하는 말이에요. 영어로는 '셀러브레이션(celebration)'으로 번역되고요. 즉, 축제와 같은 기쁨이라는 뜻이죠! 하나님은 일하시면서 축제와 같은 기쁨을 누리셨어요. 그러니 하나님께서 아담에게 일을 주신 것도 **기쁨을 누리라고** 주신 거예요. 이것이 '일'에 닿아야 할 좋은 소식(복음)이에요.

> **복음으로 적용하기:**
> "일을 통해 창조 세계 발전에 기여하는 건 정말 기쁜 일이야."

일에서 기쁨과 의미를 찾으려면, 하나님께서 우리를 '일'로 부르신 이유를 이해해야 해요. 이를 위해 우리는 먼저 하나님의 창조 사역이 어떻게 진행되었는지 살펴볼 필요가 있어요. 알버트 월터스(Albert Wolters)와 마이클 고힌(Michael Goheen)은 『창조 타락 구속』에서 하나님의 창조 사역을 단계적으로 설명하는데요. 이 관점은 우리가 일의 의미를 이해하는 데 중요한 통찰을 제공해요.[1]

창조 구분	방식	상태
제1창조	무(無)에서 유(有)를 창조	혼돈하고 공허함(창 1:1-2)
제2창조	6일 동안 틀 잡고 채우기	혼돈하고 공허한 것을 정교하게 질서를 세우고 채움(창 1:3-26)

제1창조는 쉽게 말해 하나님께서 무에서 유를 창조하셨다는 거예요. 하지만 그때의 상태는 혼돈(formless)하고 공허(empty)했어요. '혼돈'은 모양(틀)이 주어지지 않은 상태를, '공허'는 틀이 없으니 무엇을 채워 넣지 못해 빈 상태를 가리켜요. 그러니 이때 우주는 경계 없는 큰 덩어리의 상태였다고 할 수 있죠.

---

[1] 알버트 월터스, 마이클 고힌, 『창조 타락 구속』, 양성만, 홍병룡 옮김 (서울: IVP, 2007), 52-79를 참고하라.

제2창조는 아직 정교하게 구분되지 않은 투박한 큰 덩어리의 상태인 우주를 하나님께서 6일 동안 경계를 구분하고 틀을 잡아서 질서를 만드신 것을 말해요. 마치 요리사가 재료를 다듬고 조리해서 멋진 요리를 만드는 것처럼요. 한 신학자는 하나님은 6일 동안 앞 3일 동안 틀을 만드셨고, 뒤 3일 동안 틀에 채워 넣는 사역을 하셨다고 주장하기도 했어요.[2] 이를테면 땅의 틀을 만들고, 그 틀에 짐승과 사람을 채워 넣으신 것처럼요. 이 주장은 하나님의 균형 잡힌 솜씨를 잘 드러내 주고 있어요.

그런데 저는 여기에 '제3창조'라는 개념을 추가하고 싶어요. 하나님께서 인류에게 맡기신 지속적인 창조 참여가 있기 때문이에요. 하나님은 사람에게 "생육하고 번성하고 땅을 정복하라"라고 명령하셨어요(창 1:28). 우리를 하나님의 창조 사역에 동참시키신 거죠. 즉, 하나님은 주님이 재림하실 때까지 창조 세계가 계속 발전하도록 우리의 '일'을 통해 창조 사역을 이어 가고 계세요. 이런 의미에서 우리가 하는 모든 일은 하나님의 '제3창조'에 참여하는 것이라고 볼 수 있어요!

---

[2] 송병현, 『엑스포지멘터리 창세기 1』 (서울: EM, 2020), 71. "혼돈은 나누고 구분하여 생명을 생산할 수 있게 하는 사역과, 공허는 빈자리를 채워 생명으로 가득하게 하는 사역과 연관되어 있는 것이다."

한동대 최용준 교수님은 이 사실을 이렇게 표현하셨어요. "하나님의 창조 세계가 정적(static)인 것이 아니라 매우 동적(dynamic)이라는 사실을 알게 된다. 동산(Garden)에서 도성(City)으로 변화되는 것이다."[3] 창세기에서 에덴동산(Garden)으로 시작된 창조 세계는 요한계시록의 새 예루살렘 도성(City)에 이르기까지 인간이 하는 일을 통해 발전한다는 거예요! 이와 같이, 하나님은 인간이 하는 모든 일(죄가 아닌 경우)을 창조 세계의 발전 도구로 사용하세요! 팀 켈러 목사님도 비슷한 얘기를 하셨어요.

> 인간이 땅에 충만하게 되는 건 동식물이 세상에 가득해지는 것과는 의미가 생판 다르다. 출산이 아니라 문명을 뜻하기 때문이다. … 창조주는 한마디 말씀으로도 수많은 주거지에 인간이 득실거리게 만들 수 있지만 그렇게 하지 않으셨다. 인류에게 사회를 발전시키고 세워 가는 걸로 일을 삼게 하신 것이다.[4]

이러한 사실은 우리가 일을 바라보는 명확한 시각을 제공해 주어요. 하나님께서 세계를 창조하시고 아주 섬세하게 창조 세계를 돌보며 발전시키신 것처럼, 하나님은 우리의 일을 통해 창

---

3 최용준, 『성경적 세계관 강의』 (서울: CUP, 2020), 65.
4 팀 켈러, 『팀 켈러의 일과 영성』, 69.

조 세계를 발전시키는 지속적 창조의 작업을 하고 계세요. 이런 관점으로 보면, 우리가 하는 일은 창조 세계의 발전에 기여하는 거예요! 회사에서 엑셀 파일 만들 때도, 수업 준비를 할 때도, 청소할 때도 우리는 세계를 발전시키는 하나님의 동역자라 할 수 있는 거죠. 이런 생각으로 일을 대하면, 지루하고 반복적인 일도 새로운 의미가 생기지 않을까요?

창조의 세 단계와 일의 의미

첫 번째 단계	두 번째 단계	세 번째 단계
무에서 유로	6일 동안 틀 잡고 채우기	인간의 일을 통해 창조사역에 동참
혼돈하고 공허한 상태	혼돈에서 질서로	동산에서 도성으로
에덴 동산	현재의 일	새 예루살렘

일을 기쁨으로 바꾸는 3R 원칙

그러면 이 개념을 우리 내면에 더 강화시키기 위해서 우리가 어떤 시각을 가지고 일을 바라봐야 할지 3R 원리를 살펴볼게요.

1. Revere—경배하다: 하나님을 경배할 목적으로 일하라

세상은 일을 'Job(직업)'으로 봐요. Job은 결국 '나'를 위한 일이죠. "고되게 일하는 자는 식욕으로 말미암아 애쓰나니…"(잠 16:26). 즉, 배고픔을 해결하기 위해, 내 욕망을 채우기 위해서 일하는 거예요. 그런데 이런 시각으로 일에 접근하게 되면 단조로움에 빠지기 쉬워요. 그래서 앞에서 언급했듯이, 사람이 일을 통해 기쁨을 누리려면 이 일이 창조 세계 발전에 기여한다는 의미를 지닐 수 있어야 해요. 일의 목적이 이런 대의와 상관없이 개인의 작은 욕망만을 위한 것이 된다면, 하나님께서 일을 하며 누리신 그 기쁨을 우리는 결코 얻지 못할 거예요.

A. W. 토저(Tozer)는 "인간은 죄가 주는 것들로 행복해지기에는 너무 큰 존재라서 권태에 빠져 있다"[5]라고 말했어요. 토저의 말처럼 인간은 큰 존재예요. 하나님의 명령을 받아 창조 세계를 번성시키고 다스리는 직책을 가진 큰 존재죠. 그런데 이런 큰 존재들이 단순히 먹고살기만을 위해서 일한다면, 당연히 단조로움과 권태를 느낄 수밖에 없겠죠? 마치 넓은 하늘을 날도록 태어난 독수리가 좁은 새장 안에서만 맴도는 것처럼 말이에요.

---

5 랜디 알콘, 『행복』, 윤종석 옮김 (서울: 디모데, 2017), 33에서 토저의 말을 재인용.

성경에는 이 단조로움의 형벌을 받는 자들의 이야기가 나와요. 사무엘 시대에 엘리 제사장의 두 아들! 그들은 제사장이 되었는데도 엄청난 악행을 저질렀어요. 제사에 사용할 제물을 빼돌리고, 성전에서 여인들에게 성범죄까지 저질렀죠. 왜 이렇게 됐을까요? 이들에게 제사장직은 단지 자신들이 누리기 위한 수단에 불과했기 때문이에요. 그들은 자신의 직분이 하나님을 경배하고 백성들을 하나님께로 인도하는 거룩한 소명임을 망각했어요. 하나님을 경배하는 목적을 상실한 일은 결국 자기만족과 탐욕으로 변질되었고, 그 결과는 파멸이었어요. 이런 사례는, 일의 목적이 자기 자신을 넘어서지 못할 때 얼마나 비참한 결과를 초래하는지 보여 주는 강력한 경고예요.

하나님께서 이들에게 어떤 형벌을 내리셨는지 아세요? "그때에 너의 집에서 살아남는 자들은, 돈 몇 푼과 빵 한 덩이를 얻어먹으려고, 그에게 엎드려서 '제사장 자리나 하나 맡겨 주셔서, 밥이나 굶지 않고 살게 하여 주십시오' 하고 간청할 것이다"(삼상 2:36, 새번역). 하나님은 이들의 제사장 직분을 완전히 빼앗지 않으셨어요. 대신 그들의 형벌은 일의 목적이 단지 돈 몇 푼과 빵 한 덩이를 얻는 것, 즉 그저 생존하기 위한 수단으로 전락하는 것이었죠. 그들은 높은 부르심과 의미를 상실한 채 일상의 단조로움 속에서 살아가야 했어요. 이 지루하고 의미 없는 단조로움

이야말로 그들에게 내려진 가장 큰 형벌이었어요.

반면, 성경적 관점의 일은 'Vocation(소명)'이에요. 이 말은 라틴어 'vocare'에서 왔는데, 이건 일이 단순히 먹고살기 위한 노동이 아니라 어떤 존재를 섬기는 사명이라는 걸 함의해요. 창세기 2장 15절에는 아담이 '경작했다'라는 단어가 나오는데, 이 단어는 '일하다'와 '예배하다'라는 두 가지 뜻을 가지고 있어요. 이것을 근거로 기독연구원 느헤미야의 김근주 교수님은 "인간이 창조된 이후 창세기 1-2장에서, 그들이 예배한 장면은 기록에 없다. 대신에 그들은 일했다. 그러니 노동이야말로 하나님을 경배하는 것이다"라고 말했어요.[6] 이 관점은 흥미로운 통찰을 제공하지만, 일과 예배를 완전히 동일시하기보다는 둘 사이의 깊은 연관성을 보여 준다고 이해하는 것이 더 적절할 것 같아요. 다시 말해, 일을 통해 하나님의 창조 질서에 참여하는 것이 곧 하나님을 예배하는 하나의 방식이 될 수 있다는 것이죠.

바울은 "무슨 일을 하든지 마음을 다하여 주께 하듯 하고 사람에게 하듯 하지 말라"(골 3:23)라고 했어요. 모든 일을 대할 때 하나님을 경배하는 목적으로 할 것을 권한 거예요. 그리고 성경신

---

6 김근주, 『복음의 공공성』(서울: 비아토르, 2017), 66.

학자 톰 라이트(N. T. Wright)는 "주께 하듯"이라는 태도가 '잡(job)'에서 '경배(worship)'로 변화할 기회를 제공한다고 했어요.[7] 따라서 **일을 경배의 차원에서 한다면, 우리는 그 일을 주님을 대하듯 소중히 여기게 될 거예요.** 일 하나하나에 온 정성과 마음을 들여서 하게 되는 거죠. 그러면 남에게 대접받고자 하는 대로 남을 대접해야 한다는 황금률은 일과 나와의 관계에서도 발생할 거고, 일을 존중하는 만큼 일도 나를 존중해서, 내게 기쁨과 보람을 가져다줄 거예요.

2. Rest- 쉼: 일 중간마다 쉼을 가지라

일의 기쁨을 회복하려면, 하나님처럼 쉬는 법을 배워야 해요. "하나님이 그가 하시던 일을 일곱째 날에 마치시니 그가 하시던 모든 일을 그치고 일곱째 날에 안식하시니라"(창 2:2). 여기에서 하나님께서 일을 그치셨다는 것을 주목해야 해요. 현대인들이 일에서 기쁨을 못 느끼는 큰 이유 중 하나가 뭐냐면, 일의 의미와 가치를 발견할 여유가 없다는 거예요. 퇴근했는데도 업무 메시지가 오고, 주말인데도 일 생각하고, 일을 '그치지' 못하니까

---

[7] N. T. Wright, *Colossians and Philemon: an introduction and commentary*, vol 12, *Tyndale New Testament Commentaries* (Downers Grove, IL: InterVarsity Press, 1986), 153-154.

일의 의미를 성찰할 시간이 없는 거죠. 독일의 철학자 요제프 피퍼(Josef Pieper)는 이렇게 말했어요.

> 여가란 찬양하는 심령으로 사물을 바라보는 데 꼭 필요한 전제 조건이다. … 성경에 적혀 있듯, 하시던 일을 다 마치시고 쉬실 때, 하나님의 눈에 비친 세상은 보시기에 더할 나위 없이 좋았다(창 1:31). 그와 마찬가지로 인간의 여가 역시 찬양, 지지, 내면의 눈으로 창조의 실체를 오래도록 바라보는 시선들을 모두 포함한다.[8]

무슨 말일까요? '여가'가 없이는 일의 기쁨과 의미를 발견하지 못한다는 거예요. 일을 중단하고 쉼을 취할 때가 바로 그 일에 대한 의미를 성찰할 수 있는 틈이 될 수 있기 때문이에요. 하나님께서 "보시기에 좋았더라"를 고백했던 때는 바로 일을 중단하신 때였어요. 일을 그친 상태에서 창조된 세계를 바라볼 때, 그것 자체의 아름다움과 가치를 느끼셨던 거예요. 그러니 우리는 일을 그치는 훈련을 해야 해요.

성경신학자 월터 브루그만(Walter Brueggemann)도 여기에 동조

---

8 팀 켈러, 『팀 켈러의 일과 영성』, 51. 재인용. Pieper, *Leisure*, 33.

하며 쉼의 가치를 이렇게 표현했어요. "안식일을 지키는 사람들은 7일 모두를 남들과 다르게 산다. … 안식일은 한 주 전체가 향하는 클라이맥스요, 정점이다."[9] 여기서 "남들과 다르게 산다"라는 말은 어떤 삶을 산다는 걸 의미할까요? 일을 그치고 안식일을 제대로 누린 사람들은 월요일부터 남들과 다른 에너지로 일해요! 왜냐하면 쉼의 시간에 우리는 일의 진짜 의미를 발견하게 되거든요. 마치 높은 산에 올라가 정점에서 전체 풍경을 조망하듯, 일상에서 잠시 떨어져 있을 때 우리는 '아! 내 일이 이런 의미가 있구나!'라는 걸 깨닫게 되죠. 그러고서 다시 일터로 돌아갈 때 그 일이 비로소 단순한 돈벌이가 아니라 의미 있는 소명으로 느껴져요. 일의 기쁨을 되찾는 비밀, 그건 바로 제대로 된 쉼에 있답니다!

3. Respect— 존중하다: 사소한 일도 소중히 여기라

우리의 일이 창조 세계 발전에 기여하고 있음을 알면, 일에 대한 존중감이 생겨요. 그래도 사소하고 하찮게 보이는 일들 앞에서 우리는 '아, 귀찮아…', '이렇게 사소한 일들은 그냥 대충하면 안 되나?' 하는 생각이 들기 마련이죠. 이런 생각이 일에 대한 보

---

[9] 존 마크 코머, 『슬로우 영성』, 192.

람과 기쁨을 빼앗아 가는 거예요.

바울은 이 유혹을 어떻게 이겨 냈을까요? 바울 시대에는 손으로 직접 일하는 노동은 천하게 여겼어요. "초대 교회 형성기의 배경이 되는 고대 그리스와 로마 세계에서는 손으로 직접 일하는 노동이나 돈을 벌기 위해 하는 모든 장사는 천한 것으로 생각"[10]했어요. 이러한 인식은 당시의 신관에서 비롯되었죠. 그리고 "그리스 철학자들은 전반적으로 신을 고독하고 자급적이며 세상사에 개입하거나 인간들이 벌이는 북새통에 발을 담그지 않는 '완벽한 정신'쯤으로 이해했"어요. "인간은 활동적인 생활에서 한 걸음 물러나 사색과 명상에 충실하면 신의 경지에 이를 수 있다고 보았"[11]죠. 이러한 이해는 인간의 육체적 노동의 의미를 가치 절하하도록 했답니다.

하지만 바울은 정반대의 가르침을 줬어요. "너희 손으로 일하기를 힘쓰라"(살전 4:11), "가난한 자에게 구제할 수 있도록 자기 손으로 수고하여 선한 일을 하라"(엡 4:28). 심지어 성경을 보면 하나님은 정원사로, 예수님은 목수로 등장하세요. 이 일들은 전

---

10 김학겸, "노동에 대한 칼빈의 성경해석 연구", (석사학위, 총신대학교 일반대학원, 2019), 6.
11 팀 켈러, 『팀 켈러의 일과 영성』, 57에서 하디(Hardy)의 말을 재인용.

부 손을 쓰는 육체적 노동이에요.

'면접 왕 이형'이라는 유튜버가 있어요. 전(前) 이랜드 인사 면접 담당자이자 크리스천으로서 많은 청년들에게 도전을 주고 있는데요. 이분의 인재 선별법 중 하나가 단순하고 사소한 반복 작업을 2년 정도 맡겨 보는 거였어요. 예를 들면, 부서 간식을 담당하는 경우가 있었는데요. 대부분은 '내가 이런 일 하려고 여기 왔나?' 하고 대충하거나 불평했지만, 개중에는 그 작은 일도 정성껏 하는 사람이 있었다고 해요. 사람들이 어떤 간식을 좋아하는지, 어떤 간식이 건강에 좋은지, 어떻게 배치해야 다들 편하게 즐길 수 있는지, 더 나아가 어떤 간식이 회사의 능률에 도움이 될지를 생각해서 간식을 준비한 거죠. 면접 왕 이형은 바로 이런 사람이 진짜 인재라고 했어요. 작은 일도 소중히 여기는 태도는 그들이 생산적이고 진취적인 사람들이라는 것을 증명하기 때문이죠.

저는 이 이야기를 세상에서 성공하기 위한 전략 차원에서 말한 게 아니에요. 하나님 나라의 관점에서 볼 때, '일의 크기'가 아니라 **'그 일을 대하는 우리의 마음과 태도'가 중요**하다는 것을 강조하려는 거예요. 예수님께서도 "지극히 작은 것에 충성된 자는 큰 것에도 충성되고…"(눅 16:10)라고 말씀하셨잖아요. 여러분, 생각해 보세요. 우리 인생에 대단한 일보다 사소한 일들이 훨씬 많지 않나요? 작은 일도 하나님의 창조 질서를 가꾸어 가는 소중한 부분임을 인식할 때, 그 일을 대하는 우리의 마음이 달라지고, 나아가 그 일을 통해 참된 기쁨과 보람을 발견하게 될 거예요.

자, 이제 내일 아침을 새롭게 맞이할 준비가 됐나요? 여러분의 일이 단순한 '잡(job)'이 아니라 하나님과 함께하는 **'창조의 소명'**이 되기를 바랍니다!

취업 준비와 무직 기간에도 빛나는 소명

지금까지 일의 의미와 가치에 관하여 살펴보았는데요. 이 글을 읽는 많은 청년들이 '나는 아직 취업을 못 했는데…' 혹은 '더 늦기 전에 이직을 해야 하는데'라고 생각할 수 있을 것 같아요. 취업난이 심각한 현실에서 일의 의미를 논하는 것이 나에게 먼 이야기처럼 느껴질 수도 있고요. 사실 무직 기간과 취업 준비 과정은 많은 청년들에게 고통스러운 시간이에요. 자신의 가치를 의심하게 되고, 경제적 어려움, 부모님의 기대, 사회적 시선 등으로 인한 압박감과 우울감을 경험하기도 해요. 그러나 성경적 관점에서 보면, 이 기간도 하나님의 계획 안에 있는 중요한 시간이 될 수 있어요.

모세는 40년간 광야에서 양을 치며 하나님의 사명을 위해 준비되었고, 다윗은 왕이 되기 전 양을 치며 리더십을 배웠어요. 예수님도 공생애 전 30년의 준비 기간이 있었고요. 물론 이들의 상황을 현대 청년들의 취업난과 단순 비교할 수는 없지만, 기다림의 시간이 낭비가 아닌 준비의 과정이 될 수 있다는 점은 누구나 기억해 두어야 교훈이라고 생각해요.

취업 준비 기간은 단순히 '일을 구하기 위한 과도기'가 아니라, **자신의 소명을 발견하고 준비하는** 중요한 시간이 될 수 있어요. 취업 준비생에게는 '공부하는 것'이, 구직자에게는 '구직 활동'이 현재의 일인 거예요. 이 활동들도 하나님께서 맡기신 소명으로 바라볼 때 의미가 달라져요. 매일의 공부와 서류 준비, 면접 연습 등이 모두 창조 세계의 발전에 기여하는 의미 있는 한 과정으로 여겨졌으면 좋겠어요.

그렇다고 이 시간이 쉽다는 건 아니에요. 이 시간이 힘들고 때로는 절망적으로 느껴질 수 있다는 걸 알아요. 하지만 이 시간도 하나님의 창조 사역에 참여하는 소중한 시간이 될 수 있음을 기억하세요. 이랜드 박성수 회장은 사업을 하기 전, 대학생 때 희귀병에 걸려 2년 6개월 동안 병원 침상에서 3천 권의 책을 읽으며 미래를 준비했대요.[12] 이때의 독서가 이랜드의 경영 철학의 근간이 되어서, 세간에는 그의 경영을 '독서 경영'이라고 부르기도 한다는군요. 또 J. K. 롤링은 실직 상태에서 카페에 앉아 『해리 포터』를 집필했다고 해요.[13] 이들에게도 이 시간은 분명 고통스럽고 불확실했을 거예요. 하지만 이 시간을 소명적 관점으로 바라보니 이들의 운명이 달라졌어요.

혹시 '나는 지금 쓸모없는 시간을 보내고 있는 게 아닐까?', '나는 대체 무슨 일을 해야 할까, 어떻게 해야 할까?' 하는 생각이 든다면, 하나님께 물어보세요. "주님, 지금 이 시간에 제가 어떻게 주님의 창조 사역에 동참할 수 있을까요?" 하나님은 구하는 자에게 반드시 가장 적절한 방법과 답을 알려 주실 거예요.

---

12 이두용, "[기자칼럼] 독서로 성공한 이랜드그룹 박성수 회장", 한국투데이, 2019년 6월 24일, https://www.hantoday.net/news/articleView.html?idxno=19276.
13 이두용, "[기자칼럼] 인생의 밑바닥에서 인생을 알게 된 해리 포터 작가 조앤 롤링", 한국투데이, 2019년 4월 8일, https://www.hantoday.net/news/articleView.html?idxno=19011.

개인 묵상을
위한
미션

> 자기 평가

1. 출근이나 일에 대해 생각할 때, 마음속에 제일 먼저 올라오는 감정은 무엇인가요?

☐ 불만/짜증
☐ 불안/스트레스
☐ 지루함/무기력
☐ 만족/성취감
☐ 감사/기쁨
☐ 열정/도전 의식
☐ 의무감/책임감
☐ 기타:

2. 이러한 감정을 느끼는 이유는 무엇인가요? 일에 대한 당신의 현재 관점을 형성하는 데 있어 가장 큰 영향을 미친 경험이 있다면 무엇인가요? 그로 인해 현재 당신은 '일'에 대해 어떤 태

도와 생각을 갖게 되었나요? 예시를 참고하여 자신을 성찰한 후에 나의 이야기를 써 보세요.

예시

나는 일을 할 때 주로 불안/스트레스를 느낀다. 항상 더 잘할 수는 없을까, 실수하지 않을까 걱정하며, 성과에 대한 압박감을 느낀다. 이런 감정은 어렸을 때부터 '성공'과 '인정'을 중요시하는 환경에서 자라며 형성된 것 같다. 이로 인해 일이 기쁨의 원천이 아닌 부담으로 느껴질 때가 많고, 신앙적으로도 하나님을 기쁘시게 하기 위해 '더 열심히, 더 완벽하게' 해야 한다는 성과 중심적 관점이 자리 잡고 있다. 하나님의 은혜보다 내 노력과 성과를 통해 인정받으려는 패턴이 신앙생활에도 영향을 미치고 있다.

나의 이야기

_____
_____
_____
_____
_____
_____
_____

3. 내가 하고 있는 일에 대해 성찰하며, 다음 질문에 답하세요.

① 내가 일을 할 때 가장 기쁨을 느끼는 순간은 언제인가요? 반대로, 다른 부정적 감정을 느끼는 순간은 언제인가요?
② 일을 할 때, 돈을 버는 목적 외에 다른 목적이 있나요?
③ 내가 하고 있는 일을 통해 다른 사람들을 어떻게 섬기고 있나요?
④ 나의 직업적 능력을 하나님께서 주신 은사로 여기고 있나요? 나의 은사가 현재 내 일에 어떻게 활용되고 있다고 생각하나요? 만약 현재 활용되지 못하는 은사가 있다면 그것을 어떻게 발전시키고 활용할 수 있을까요?

변화하기

하나님께서 설계하신 일의 본질을 회복하기 위해 세 가지 핵심 원칙(Revere-경배, Rest-쉼, Respect-존중)을 실천해 봅시다. 이 3R을 통해 일상 업무에서 하나님을 경배하고, 건강하게 균형을 유지하며, 모든 일에 거룩한 가치를 부여하는 변화를 경험하게 될 것입니다.

1. Revere(경배하다): 내 일을 통해 하나님을 어떻게 경배하면 좋을지 계획해 보세요.

예시

하루 세 번(오전, 점심, 오후) 알람을 설정하고, 그 순간 하고 있는 일에 대해 감사할 내용을 찾아 짧게 감사 기도하기

나의 계획

_____
_____
_____

2. Rest(쉼): 일과 쉼의 균형을 어떻게 맞추면 좋을지 계획해 보세요.

예시

하루 중 세 번(오전, 점심 후, 오후) 5분씩 '의도적 쉼'을 갖기. 이 시간에는 자리에서 일어나 창밖을 바라보거나 짧게 걸으며 깊은 호흡을 하고서 마음을 비운다.

나의 계획

_____
_____
_____

3. Respect(존중하다): 사소한 일을 어떻게 소중히 여길 것인지 계획해 보세요.

예시
사소한 일을 할 때마다 '지금 이 일을 하나님은 어떤 마음으로 보고 계실까?' 라고 자문하고, 그 관점에서 최선을 다해 수행하기

나의 계획
___
___
___

소그룹 나눔을 위한 질문

1. 일을 대할 때, 내가 자주 느끼는 감정은 어떤 것인가요? 이 감정이 생긴 이유나 계기가 있다면 함께 나누어 보세요.

   _____

2. 개인 미션을 작성하면서 '아, 내가 이런 사람이었구나' 하고 새롭게 알게 된 점이 있다면 무엇인가요?

   _____

3. 이번 주에 일을 더 기쁘고 의미 있게 대하기 위해 어떠한 실천을 해 보고 싶나요?

   _____

4. 다른 사람의 이야기를 듣고 새롭게 깨달은 점이 있다면 무엇인가요?

   _____

05
인간관계와 복음

"언팔 전에 잠깐만요!"

아버지께서 내게 주신 자 중에서 하나도 잃지 아니하였사옵나이다 _ 요 18:9

여러분, 주변에서 이런 말 많이 들어 보셨죠? "세상에 많고 많은 게 사람인데 굳이 안 맞는 사람과 지낼 필요 없어", "비슷한 사람들끼리 관계를 맺어야 편해" 같은 말이요. 그리고 SNS에서는 **#인간관계정리 #관계단절 #잠수타기** 같은 해시태그와 함께 '인간관계를 끊는 방법', '불편한 관계를 피하는 방법'을 공유하는 게시물이 인기를 끌고 있어요. 이처럼 부정적이고 이기적으로 보이는 언어와 표현들이 이 시대에는 왜 이렇게 설득력 있게 들릴까요?

디지털 기술의 발달로 사람들은 점점 더 자신과 유사한 관심사, 가치관, 정치적 성향을 가진 사람들만 선별적으로 만날 수 있게 되었어요. 또한 심리학적으로 보면, 불확실성과 불안이 높아진 현대 사회의 사람들은 '안전한 관계'만을 추구하는 경향도 있는 것 같아요. 영적인 관점에서 보면, 이 현상의 근저에는 마귀의 두 가지 미끼가 숨어 있기 때문이에요. 바로 '편리함'과 '과잉 공감'이라는 달콤한 유혹이죠.

첫 번째 미끼, 편리함의 유혹

C. S. 루이스의 『스크루테이프의 편지』에는 삼촌 악마가 조카 악마에게 이렇게 조언하는 장면이 나와요. "너는 그 야만인이 자기한테 걸맞은 수준을 찾았다고, 즉 이들은 '자기와 같은 분류'라서 같이 어울리면 그렇게 편할 수가 없다고 느끼게 해야 한다."[1] 이 구절이 보여 주듯, 마귀는 우리가 무엇에든 '편리함'을 추구하도록 유혹해요. 우리에게 '나와 같은 사람들과만 어울리면 너무 편해서 좋아. 나와 다른 사람과 관계 맺으려면 서로 맞춰 가야

---

1 C. S. 루이스, 『스크루테이프의 편지』, 김선형 옮김 (서울: 홍성사, 2005), 141.

하니까 불편해'라는 생각을 심어 주는 것이지요. 그런데 이 '편리함'이라는 미끼가 왜 그렇게 효과적일까요? 그 미끼가 우리의 내면에 있는 **게으름과 자기중심성을 자극**하기 때문이에요.

정지우 작가는 이러한 심리를 정확히 꿰뚫어 보면서, 인간의 내면 안에 **편애를 작동**시키는 것이 편리함이라고 꼬집었어요. "복잡하게 고민할 것 없고, 자신을 억누르거나 타인을 이해하는 수고 없이, 가장 단순하게 즉각적으로 느끼고 행동할 수 있는 최고의 편리함을 제공한다."[2] 맞아요! 편리함이라는 미끼를 물면 사람의 심리가 타인을 이해하고 자신을 조절하는 불편함을 감수하지 않게 돼요. 타인을 헤아리려는 수고를 하려 하지 않는다는 거예요. 불편하니까요. 그러니 편리함을 추구하게 되면, 결국 우리의 관계는 단절되고 편애와 편견을 낳게 되는 거예요. 이런 면에서 편리함의 유혹은 우리가 다른 부류의 사람들과 관계 맺는 것을 방해해요.

---

2   정지우, 『인스타그램에는 절망이 없다』 (서울: 한겨레출판, 2020), 287.

두 번째 미끼, 과잉 공감

폴 블룸은 『공감의 배신』에서 지금 사회가 분열된 이유를 공감이 부족해서가 아니라 과잉되었기 때문이라고 분석했어요.[3] 그는 과잉 공감을 '스포트라이트'에 비유하며 이렇게 말했어요. 과잉 공감은 "우리가 사랑하는 사람은 가장 환히 비추고, 낯설거나 다르거나 무서운 사람은 아주 흐릿하게 비추는, 초점이 좁은 스포트라이트다." 마치 극장에서 주인공만 환하게 비추는 스포트라이트처럼, 우리는 '내집단(內集團)'에만 강하게 공감한다는 거예요. 남자는 남자들에게만, 여자는 여자들에게만, 보수는 보수들에게만, 진보는 진보들에게만 과도하게 공감하죠. 그러다 보니 내가 속한 집단 외의 사람들을 이해하려는 마음은 가지지 않고, 무조건 틀렸다고 규정해 버리곤 해요.

위에서 언급한 C. S. 루이스의 책에서 삼촌 악마는 또 이렇게 조언해요. "네가 할 일은 이 모든 생각에 은근한 자긍심을 뒤섞어 놓되, '내가 정확히 무엇에 자긍심을 느끼는 걸까?'라는 의문만은 절대 품지 못하게 하는 거다."[4] 마치 팬이 아이돌 가수에 흠

---

3 폴 블룸, 『공감의 배신』, 이은진 옮김 (서울: 시공사, 2019), 52.
4 C. S. 루이스, 『스크루테이프의 편지』, 142.

뻑 빠져 그 가수의 모든 행동이 완벽하게 보이는 것처럼, 마귀가 '내집단'에 대해 무조건적인 자긍심을 주어 '무엇이 좋은지, 왜 좋은지'를 의문조차 품지 못하게 만드는 거예요. 그러니 내집단만 편애하고 외집단에 대해서는 무조건 경계하게 되는 거죠.

이런 과잉 공감이 생기는 이유는 사람들의 **판단 기준이 이성보다 감정에 치우쳐** 있기 때문이라고 생각해요. 내 편은 무조건 옳다는 느낌이 가득할 때는 상대를 이해하려는 이성적 사고를 하지 못하는 거죠. 마치 짙은 안개가 모든 풍경을 가려 버리듯, **격한 감정이 객관적 판단력을 흐리게 만들어** 버리는 거예요. 정신건강의학과 의사 정혜신 선생님의 책 『당신이 옳다』에 나오는 이야기가 좋은 예일 것 같네요. 세월호 특별법 서명을 받던 곳에서 집기를 부수며 유가족들에게 욕을 퍼붓던 한 할아버지가 있었는데요. 이 할아버지는 보수 단체의 강의에서 "우리나라가 잘살게 된 건 어르신들 덕분입니다. 너무 고생하셨습니다. 이제는 대한민국을 위해 마지막으로 힘을 한번 더 모아 주세요"라는 말을 듣고 감동받았대요. 그러고는 이렇게 행패를 부린 거죠. 할아버지는 자신에게 자긍심을 심어 준 이 집단에 과잉 공감한 나머지, 자신의 이념과 다른 집단은 틀렸다고 확신해 버린 거예요. 이런 식으로 내 편만 공감하다 보니 우리는 서로를 물어뜯으며 분열하고 있어요.

이런 상황에서 우리는 점점 더 상대를 비인간화하게 되었어요. 넷플릭스 드라마 『블랙 미러』의 시즌 3에서 주인공은 '바퀴벌레'들을 소탕하라는 지시를 받고 직접 사살하게 되는데요. 그런데 알고 보니 바퀴벌레의 정체는 사람이었어요. 뇌에 전투 시스템을 장착하니까 군인들에게 그 사람들이 바퀴벌레로 보였던 거예요.

마찬가지로 현 시대 사람들은 내집단에만 눈이 멀어 외집단을 모두 벌레로 보는 경향이 있어요. '한남충', '틀니충', '맘충' 같은 표현들이 그 증거예요. 그 결과 우리 사회는 '갈등 공화국'을 넘어 '벌레 공화국'으로 치닫고 있는 것 같아요. 모기 한 마리만 있어도 신경이 곤두서는데, 세상이 온통 '벌레'로 보이니 우리 마음은 안정될 틈이 없는 거예요. 늘 긴장과 갈등 속에서 우리도 벌레처럼 시들해져 가고 있는 거죠. 이것이 세상의 가치관을 신뢰했을 때 생기는 폐해예요.

왜 이렇게 되었을까요? 바로 관계에 관한 좋은 소식, 즉 복음이 우리 관계에 와닿지 않았기 때문이에요. 관계에 관한 좋은 소식을 살펴보면 분명 관계 맺음의 의미와 기쁨을 발견할 수 있을 거예요.

복음이 말하는 '인간관계':
"모든 관계는 널 위한 하나님의 복이야."

오늘날 우리는 SNS 알고리즘처럼 나와 비슷한 사람들만 찾아서 관계를 맺으려고 하는 것 같아요. 하지만 예수님은 완전히 다른 방식으로 관계를 맺으셨어요. 예수님은 자신과 비슷한 사람들만 골라서 만나신 게 아니라, 다양한 배경이나 성격의 사람들과 의미 있는 관계를 맺으셨답니다.

예수님께서 제자들을 향해 하신 말씀을 보세요. "아버지께서 내게 주신 자 중에서 하나도 잃지 아니하였사옵나이다"(요 18:9). 이 말씀은 예수님이 하나님께서 맡기신 모든 사람과의 관계를 얼마나 소중히 여기셨는지 보여 주는 말씀이에요. 예수님은 관계 맺기가 어려운 사람까지도 포기하지 않으셨어요.

생각해 보세요. 예수님의 제자들이 얼마나 다양한 성격과 배경을 가졌는지요! 세리 마태, 열심 당원 시몬, 어부 베드로와 요한. 게다가 이들이 항상 예수님께 도움이 되었던 것도 아니에요. 제자들은 서로 더 높아지려고 싸우기도 했고, 예수님의 말씀을 이해하지 못하거나 순종하지 않았어요. 마치 사춘기 청소년을 돌보는 부모님처럼, 이들은 예수님께 '도움이 되는' 존재라기보다는 '돌봄이 필요한' 존재였죠. 그런데도 예수님은 단 한 사람도 잃지 않으려 하셨어요. 예수님은 자신과 맞는 사람들하고만 관계 맺지 않으시고 모든 사람과 관계를 맺으셨어요. 그 결과, 한 사람도 잃지 않고 모든 사람을 얻으셨죠.

예수님의 삶은 우리의 롤 모델이에요. 끼리끼리의 관계 맺음이 아닌, 예수님처럼 **다양한 관계에 마음을 열 때** 진정한 행복을 경험할 수 있는 거예요. 이것이 우리 관계에 적용해야 할 복음이에요!

복음으로 적용하기:
"다양한 사람과 접촉해야 해!"

그렇다면 끼리끼리의 관계성만을 가지라는 세상의 메시지를 이길 복음적 대안은 무엇일까요? 사도행전 10장에 나오는 베드로의 이야기를 살펴볼게요. 베드로가 기도하던 중에 하늘이 열리며 한 그릇이 내려왔어요. 그 안에는 유대인들이 혐오하는 부정한 음식이 들어 있었죠. 하나님은 베드로에게 그 음식을 먹으라고 하셨어요. 그러나 베드로는 거부했어요(행 10:14-15). 사실, 부정한 음식은 이방인을 상징했어요. 베드로는 유대인으로서 이방인들과 한 번도 접촉하지 않았고, 유대인들의 관점을 그대로 받아들여 이방인들을 불결하다고 여겼던 거죠. 마치 한 번도 가 보지 않은 나라에 대해 부정적인 소문만 듣고서 그 나라 전체를 위험하고 나쁜 곳이라고 판단하는 것처럼, 베드로는 자신의 '내집단'인 유대 민족에 갇혀 이방인이라는 '외집단'을 무작정 혐오하고 있었던 거예요.

하지만 환상이 끝난 후, 베드로는 이방인들과 실제로 접촉하게 되었어요. "베드로가 이 말을 할 때에 성령이 말씀 듣는 모든 사람에게 내려오시니 베드로와 함께 온 할례 받은 신자들이 이방인들에게도 성령 부어 주심으로 말미암아 놀라니"(행 10:44-45). 베드로가 이방인 고넬료의 집에서 말씀을 전할 때, 그 자리에 있던 유대인들은 하나님께서 이방인들에게도 성령을 부어 주시는 것을 보고서 깜짝 놀랐어요. 왜 놀랐을까요? 이방인들은 부정한 집단, 틀린 집단이라고 생각했는데, 하나님께서 자기들이 받은 것과 똑같은 성령을 이방인들에게도 부어 주셨기 때문이에요!

물론, 접촉만으로 모든 편견이 자동으로 사라지는 건 아니에요. 베드로의 경우에는 성령님의 역사하심이 있었고, 접촉이 의미 있는 대화와 깊은 영적 교제로 이어졌기 때문에 변화가 일어났던 거예요. 따라서 **접촉의 질과 상황이 중요해요.** 그저 스쳐 지나가는 만남이 아니라, 서로를 인간으로 바라보고 진정성 있게 대화할 때 접촉은 효과가 있어요.

베드로와 이방인들의 만남은 마치 평소 혐오하던 음식을 처음 제대로 맛보고서 '어, 이거 생각보다 맛있네?' 하며 깨닫는 순간과 같아요. 접촉하기 전에는 베드로와 유대인들이 이방인들을 불결하게 여기는 편견에 사로잡혀 있었는데, 실제 만남과 대화를 통해 하나님께서 그들에게도 똑같은 은혜를 주시는 걸 보고서, 그들도 우리와 같은 존재임을 깨달은 거예요.

이것이 바로 '의미 있는 접촉'의 힘이에요! 단순히 같은 공간에 있는 것이 아니라, 서로의 이야기를 경청하고 공통점을 발견할 때, 우리는 그들이 나와 다른 존재이고, 혐오할 대상이 아니라 기쁨과 아픔을 느끼는 같은 사람임을 깨달을 수 있어요. 물론 이런 변화는 하루아침에 일어나지 않아요. 하지만 이를 위해 첫걸음을 내딛는 것, 그것이 중요해요.

접촉하기

한 청년 공동체에서의 가장 나이 많은 자매와 가장 어린 막내 자매의 이야기예요. 두 사람은 띠동갑이었죠. 나이 많은 자매는 자신이 나이가 많아서 막내와 말이 통하지 않을 것 같아서 부담이 되어 접촉을 피했어요. 나와 다른 세대에 대한 접근이 두려웠던 거죠. 그러다 교회 수련회 준비 기도회에서 두 사람은 같은 조가 되었고, 용기를 내어 서로 대화를 시작했는데, 놀랍게도 생각보다 말이 너무 잘 통해서 교제의 기쁨을 누렸다고 해요! 만약 이 자매들이 접촉하지 않았다면, 하나님께서 예비하신 교제의 유익을 놓쳤을 거예요.

접촉으로 사람을 얻은 실제 사례가 또 하나 있어요. 1960년대 아프리카에서는 20여 개 나라가 독립했지만, 대부분 내부 분열로 어려움을 겪었어요. 나이지리아에서는 부족 간에 내전이 일어났고, 콩고에서는 지역 간에 분리가 일어났죠. 그런데 보츠와나(bostwana)는 상대적으로 평화로운 통합의 길을 걸었어요. 40여 개의 부족이 심각한 갈등 없이 하나의 국가를 이루어 냈죠. 비결이 뭐였을까요? 물론 보츠와나의 성공은 사회, 문화, 정치 등의 여러 복합적인 요인이 있었겠지만, 그중에서도 초대 대통령 세레체 카마(Seretse Khama)의 **'접촉 증진' 정책**이 중요한 역할을 했어요. 카마 대통령은 부족 간의 교류를 늘리기 위해 여러 정책을 시행했다고 해요. 예를 들어, 교사는 원칙적으로 5년에 한 번씩 다른 지역으로 이동해야 했는데, 그 결과는 놀라웠어요! 다른 부족끼리 사랑에 빠져 결혼하고, 심지어 다른 언어를 쓰는 부모를 가진 아이들이 생겨났다는 거예요. 일대일 접촉을 통해 편견이 극복되고 새로운 결합이 생긴 거죠![5]

이 보츠와나의 사례는 접촉만으로 모든 문제가 해결되는 것은 아니지만, 의미 있는 접촉이 다른 정치·경제·사회적 노력과 함께할 때 중요한 변화를 가져올 수 있다는 것을 보여 주고 있어요. 쉬운 해결책은 없지만, 서로 만나고 대화하는 첫걸음을 떼는 것이 중요하다는 교훈을 주는 거죠.

성경에도 접촉을 통해 세상을 바꾼 이야기가 있어요. 이재철 목사님은 『비전의 사람』에서 사도행전 6장의 집사 선출에 관하여 중요한 대목을 지적했어요. 초대 교회에서 구제 문제로 헬라파와 히브리파 간에 갈등이 생겼을 때, 사도들은 구제를 담당할 집사들을 선출했는데, 놀랍게도 선출된 사람이 모두 헬라파 유

---

[5] 바스티아 베르브너, 『혐오 없는 삶』, 이승희 옮김 (서울: 판미동, 2021), 261-274를 참고하라

대인들인 거예요. 왜 그랬을까요? 히브리파 유대인들은 항상 유대 지역 안에서만 살았고, 이방인들과 접촉하지 않은 채 그들을 혐오했거든요. 마치 한 번도 외국에 나가 보지 않고 외국인을 판단하는 것처럼 말이죠. 반면, 헬라파 유대인들은 세계 곳곳을 돌아다니며 이방인들과 접촉했고, 그들이 실제로는 그렇게 나쁜 이웃이 아님을 알게 된 거예요. 그래서 타인에 대한 개방성과 수용성이 훨씬 더 컸던 거죠.

하나님은 접촉을 통해 편견을 깬 사람들을 리더로 세우셨어요. 하나님께서 찾으시는 사람은 바로 **접촉을 통해 편견을 깨는 사람**이에요. 하나님은 이런 사람들을 통해 세상을 바꾸세요. 지금 이 순간에도 하나님은 당신을 부르고 계세요!

품어 주기

지금까지 접촉의 힘에 대해 살펴봤는데요. 우리 삶의 현실은 냉혹한 것 같아요. 용기를 내어 접촉해도 상대가 꿈쩍하지 않는 상황들을 많이 마주하게 돼요. 이럴 때는 접촉을 넘어 한 걸음 더 나아가 '품어 주는' 노력이 필요하다고 생각해요. 우리가 흔히 착각하는 것들 중 하나는, 우리와 잘 맞는 사람들은 처음부터 그냥 자연스럽게 잘 맞았다고 생각하는 거예요. 하지만 사실 그 이면에는 누군가가 **접촉 그 이상의 '품는 수고'**를 했기 때문인 경우가 많아요.

모든 사람은 저마다의 고유한 정체성과 기질을 가지고 태어나요. 비슷한 성향을 가졌다 해도 분명히 다른 점이 있기 마련이죠. 그래서 만약 내가 특별한 노력을 하지 않았는데도 상대와 기분 좋게 잘 맞는다고 느껴졌다? 그건 어쩌면 상대방이 나를 품기 위해 보이지 않는 노력을 기울였기 때문인지도 몰라요.

이처럼 관계가 깊어지고 하나가 되기 위해서는 누군가의 품어 주는 노력이 필요해요. 때로는 우리가 상대를 품어야 할 때도 있고, 때로는 상대가 우리를 품어 줄 때도 있죠. 성경에서도 서로 다른 두 집단이 화합하기 위해 한쪽의 품어 주는 노력이 필요했던 사례를 볼 수 있어요.

로마 교회. 이 교회는 유대인과 이방인들이 함께 구성된 교회였어요. 이들 사이에 음식 문제로 논쟁이 일어났죠. 이방인 출신 교인들은 고기를 먹었지만, 유대인 출신 교인들은 율법의 음식 규례를 따라 채소만 먹었어요(롬 14:2). 바울은 이 유대인들을 '믿음이 연약한 자'라고 불렀죠(롬 14:2). 연약하다는 건 잘 모르는다는 뜻이에요. 이미 율법이 성취되어서 신자는 음식 규례에 굳이 얽매일 필요가 없었거든요. 그런데 하나님은 이방인 출신 교인들에게 이 '잘 모르는 자들'을 받아들이라고 말씀하셨어요. "믿음이 연약한 자를 너희가 받되 그의 의견을 비판하지 말라"(롬 14:1). 왜 그래야 했을까요? "이는 하나님이 그를 받으셨음이라"(롬 14:3). 맞지 않는 사람을 넘어, 잘 모르는 사람까지 하나님께서 받아 품어 주셨거든요. 마치 부모가 실수한 아이를 외면하지 않고 안아 주는 것처럼요. 그래서 이방인 출신 교인들도 이것을 본받아 유대인 출신 교인들을 품어 주었고, 덕분에 로마 교회는 이 위기를 극복하고 하나가 될 수 있었어요. 여러분이 누군가와 좋은 관계를 유지하는 데 큰 노력이 없었다? 어쩌면 상대방이 여러분을 품어 주었기 때문이었는지도 몰라요.

저와 아내의 이야기를 나눠 볼게요. 저희는 소개로 만난 사이라 연애 시절에 부지런히 서로를 알아가야 했어요. 영화 보고 밥도 먹으며 일상적인 데이트를 즐기면서 서로를 알아 갔죠. 대화가 잘 통했고, 영화나 취향도 비슷해서 저는 친밀감을 느꼈어요. 저는 액션, 스릴러, 호러물을 좋아해서 같이 보자고 제안했는데, 아내가 별말 없어서 좋아하는 줄 알았어요. 그런데 나중에 알고 보니 아내는 그런 영화들을 정말 싫어했어요! 영화 보는 내

내 긴장이 되어서 힘을 주고 있었다는 거예요. 아내는 저를 위해 나름 맞춰 주면서 관계를 쌓는 수고를 했던 거예요. 저는 그것도 모르고 우리가 잘 맞는 관계라고만 생각했어요. 사실은 영화 취향뿐 아니라 대화 방식, 식사 취향, 습관 등 많은 부분에서 맞지 않았지만, 아내가 품어 주었기에 결혼까지 할 수 있었던 거예요. 이 이야기가 우리에게 주는 메시지가 크다고 생각해요. 우리가 누군가와 깊고 친밀한 관계를 맺을 수 있는 건, 상대방이 우리를 품는 헌신적인 수고를 했기 때문일 수 있는 거예요. 이런 사실을 깨달을 때, 우리도 받은 사랑을 다른 사람에게 흘려보내고 그들을 품을 수 있어요.

그런데요. 우리는 모든 관계가 항상 발전적인 방향으로만 갈 수 있는 것은 아니라는 점도 기억해야 해요. 특히 일방적으로 희생만 요구하는 관계나 심리적·신체적으로 해를 주는 관계라면, 적절한 경계를 세우고 때로는 거리를 두는 것도 필요해요. 모든 관계를 무조건 유지하며 접촉하고 품어 주어야 한다는 부담감에서는 자유로워져도 괜찮아요. 건강한 관계를 위해서는 건강한 경계도 중요하니까요.

온라인에서도 접촉하기

온라인 공간은 우리에게 '편리함'과 '과잉 공감'이라는 두 가지 미끼를 더욱 강력하게 제공해요. '알고리즘'은 우리와 비슷한 생각을 가진 콘텐츠만을 더 자주 보여 주고, 클릭 한 번으로 불편한 사람을 '언팔'하거나 '차단'할 수 있죠. 이런 환경은 자연스럽게 '필터 버블'과 '확증 편향'을 강화시켜 분열된 관계를 더 많이 만들어 내요. 이것을 방지하기 위해서 의도적으로 나와 다른 생각을 가진 사람들의 콘텐츠를 접해 보세요. 내 알고리즘의 추천에만 의존하지 말고, 때로는 관심 없었던 콘텐츠를 다루는 계정을 구독해 보는 방법도 좋아요. 또한 온라인에서도 '이해하려는 자세'로 상대방의 글이나 영상을 끝까지 보고, 전체 맥락을 파악하려고 노력해 봐야 해요. 제목이나 한 문장만 보고 판단하는 습관은 관계를 단절시키거든요.

우리는 온라인이라는 이유로 쉽게 오해하고 단절하려는 유혹을 강하게 받고, 쉽게 관계를 끊기도 해요. 바로 이때, 예수님이라면 디지털 세상에서 어떻게 관계 맺으실지를 생각해 보는 건 어떨까요? 그러면 우리도 온라인에서 보다 의미 있게 복음적으로 관계를 맺어 나갈 수 있을 거예요.

> **개인 묵상을 위한 미션**

자기 평가

1. 어떤 사람과 '언팔'을 고려하고 있나요? 그 주된 이유는 무엇인가요?

   ☐ 불편한 의견 차이
   ☐ 부정적인 감정 유발
   ☐ 비교 의식/열등감
   ☐ 시간 낭비 느낌
   ☐ 매력을 느끼지 못함
   ☐ 기타:

2. 어릴 적, 부모님(양육자)은 사람들과의 관계에 대해 어떤 가르침이나 태도를 보여 주셨나요? 관계에 대한 당신의 현재 태도를 형성하는 데 있어 가장 큰 영향을 미친 경험이 있다면 무엇인가요? 그로 인해 현재 당신은 관계에 대해 어떤 태도와 생각을 갖고 있나요? 예시를 참고하여 자신을 성찰한 후 나의 이야기를 써 보세요.

예시

어린 시절 저의 부모님은 "다른 사람들의 시선과 평가를 중요하게 생각해야 한다"라고 자주 말씀하셨습니다. 특히 갈등을 피하고 항상 남을 배려하는 모습을 강조하셨는데, 이로 인해 저는 제 감정이나 생각을 솔직하게 표현하기보다 '좋은 사람'으로 보이기 위해 노력하는 경향이 형성되었습니다. 대학 시절 친구와의 갈등에서 솔직한 대화로 관계가 더 깊어진 경험이 제 관계에 대한 관점을 일부 변화시켰지만, 여전히 타인의 평가에 민감하고 갈등을 회피하는 경향이 남아 있습니다. 이러한 패턴은 신앙생활에서도 하나님과의 관계보다 교회 공동체 내에서의 평판과 인정을 더 중요시하게 만들었습니다. 때로는 하나님께도 솔직한 감정을 표현하기보다 '좋은 그리스도인'처럼 보이기 위한 기도를 하곤 합니다. 또한 교회 내 깊은 관계를 형성하기보다 표면적이고 갈등 없는 관계를 유지하려는 경향이 있어, 진정한 영적 성장과 공동체 경험을 제한하고 있다고 느낍니다.

나의 이야기

_____

_____

_____

_____

_____

_____

3. 관계 성찰하기

① 내가 관계에서 가장 두려워하는 것은 무엇인가요?
② 관계를 맺는 데 있어서 나의 강점과 약점은 무엇인가요?
③ 하나님은 내가 관계 안에서 어떤 성장을 하기를 원하실까요?

> 변화하기

1. 관점의 전환 연습

우리는 갈등 속에서 자신의 관점만 고수하기 쉽답니다. 아래의 훈련은 상대방의 시선으로 상황을 바라보고 자신의 한계를 인정하며, 상대방과의 공통점을 발견함으로써 관계 회복의 다리를 놓는 과정이에요. 다음 질문들을 통해 관점 전환의 습관을 키워 보세요.

예시

상황

팀 프로젝트에서 동료가 마감일을 지키지 않아 전체 일정이 지연되었다. 나는 그가 책임감이 부족하고 팀에 피해를 준다고 생각했다.

상대의 입장에서 생각해 보기

"나는 이 프로젝트 외에도 다른 중요한 업무들이 많았고, 특히 가족 중 아픈 사람이 있어 집중하기 어려웠다. 팀원들에게 미안한 마음이 크지만, 나도 최선을 다하고 있었고 도움을 요청하기 어려웠다. 마감일이 비현실적으로 짧게 설정된 것도 있었다."

나의 오해 발견하기

나는 상대방의 상황을 충분히 고려하지 않았고, 마감일이 현실적인지도 생각해 보지 않았다. 또한 도움이 필요하다는 신호를 눈치채지 못했거나, 도움을 요청하기 쉬운 환경을 만들지 못했을 수도 있다. 과거에 나도 유사한 상황에서 어려움을 겪었는데, 그것을 잊고 판단했다.

관계 회복의 다리 놓기

우리 둘 다 프로젝트의 성공적 완수를 원한다는 점, 업무 스트레스를 느낀다는 점, 인정받고 싶어 한다는 점에서 공통점이 있다. 또한 둘 다 가족을 중요시하며, 일과 삶의 균형을 찾기 위해 노력하고 있다.

나의 이야기

상황

상대의 입장에서 생각해 보기

나의 오해 발견하기

관계 회복의 다리 놓기

2. 경청과 공감 실천하기

진정한 관계 회복과 성장은 경청에서 시작돼요. 말하기보다 듣기에 집중하고 상대방의 감정에 공감함으로써 진정한 연결을 경험할 수 있죠.

▶ **내가 더 깊은 경청을 실천할 대상은 누구인가요?**

1.

2.

▶ **어떻게 더 효과적으로 경청하면 좋을까요?**

예시
- 대화 중 스마트폰을 멀리 두고 상대와 눈맞춤하기
- 상대방의 말을 중간에 끊지 않고 끝까지 듣기
- 듣고 난 후, "내가 …라고 이해한 것이 맞나요?"라고 확인 질문하기
- 판단하지 않고, "그런 상황에서 그렇게 느꼈구나" 같은 공감 표현하기

나의 계획

1.
2.
3.

소그룹 나눔을 위한 질문

1. 어떤 경험이 관계에 대한 당신의 현재 태도를 형성하는 데 가장 큰 영향을 미쳤나요?

   _____

2. 개인 미션을 작성하면서 '아, 내가 이런 사람이었구나' 하고 새롭게 알게 된 점이 있다면 무엇인가요?

   _____

3. 관계를 쉽게 언팔하지 않기 위해서 어떠한 실천을 해 보고 싶나요?

   _____

4. 다른 사람의 이야기를 듣고 새롭게 깨달은 점이 있다면 무엇인가요?

   _____

06
결혼과 복음

"썸 타지 말고 배젼 타라"

18 여호와 하나님이 이르시되 사람이 혼자 사는 것이 좋지 아니하니 내가 그를 위하여 돕는 배필을 지으리라 하시니라 19 여호와 하나님이 흙으로 각종 들짐승과 공중의 각종 새를 지으시고 아담이 무엇이라고 부르나 보시려고 그것들을 그에게로 이끌어 가시니 아담이 각 생물을 부르는 것이 곧 그 이름이 되었더라 20 아담이 모든 가축과 공중의 새와 들의 모든 짐승에게 이름을 주니라 아담이 돕는 배필이 없으므로 21 여호와 하나님이 아담을 깊이 잠들게 하시니 잠들매 그가 그 갈빗대 하나를 취하고 살로 대신 채우시고 22 여호와 하나님이 아담에게서 취하신 그 갈빗대로 여자를 만드시고 그를 아담에게로 이끌어 오시니 23 아담이 이르되 이는 내 뼈 중의 뼈요 살 중의 살이라 이것을 남자에

게서 취하였은즉 여자라 부르리라 하니라 24 이러므로 남자가 부모를 떠나 그의 아내와 합하여 둘이 한 몸을 이룰지로다 _창 2:18-24

여러분, 주변에서 이런 말 많이 들어 보셨죠? "결혼생활은 지옥이야!", "연애만 하고 결혼은 절대 하지 마! 혼자 사는 게 최고야!" 같은 말이요. 그리고 SNS와 미디어에는 **#비혼 #솔로이즘 #혼자가좋아** 같은 해시태그가 넘쳐 나는 것 같아요. 결혼에 대한 회의적인 시각이 왜 이렇게 확산하고 있을까요? 아마도 결혼의 목적이 왜곡되었기 때문이 아닐까 싶어요. 결혼의 목적이 '하나님의 비전'에서 벗어나 '로맨스'와 '자아실현'으로 대체되었다는 말이에요.

첫째, 로맨스가 목적인 결혼

결혼의 목적이 로맨스라는 건, 상대 배우자가 나에게 온전한 기쁨과 행복을 줄 수 있다고 생각하는 것과 같아요. 온전한 기쁨과 행복은 하나님만이 주실 수 있는 영역인데 말이에요. 하트 모양 풍선에 너무 많은 공기를 불어 넣으면 풍선이 터져 버리는 것처럼, 배우자에 대한 지나친 기대는 금세 빵 터져 버리기 마련이에요. 세계적인 팝스타 테일러 스위프트의 노래 '가짜 신(False God)'의 가사를 소개해 드릴게요.

> 비록 그게 가짜 신이라 해도 우린 여전히 숭배할 거야 (중략)
> 나도 천국이 존재한다는 거 알아
> 네가 날 만질 때마다 나는 천국으로 가
> 자기야, 지옥은 네가 너와 싸울 때야

이 가사 속의 주인공은 남자 친구와의 로맨스를 '가짜 신(False God)'이라고 부르면서도 이를 계속 숭배하겠다고 말하고 있어요. 그와 친밀하면 천국이고, 싸우면 지옥이라니…. 이건 로맨스가 우상이 된 전형적인 모습이에요!

팀 켈러는 자신이 목양하는 '셀리'라는 성도의 이야기를 소개했어요. 미인이었던 셀리는 자신의 외모로 남자들을 조종하려 했대요. 하지만, 결국 로맨스라는 감정에 조종당하는 신세가 되었다고 해요. 어느 남자하고든 사랑에 빠져 있지 않으면 자신이 투명 인간처럼 느껴져서, 구타하는 남자하고도 관계를 유지했다고 해요.[1] 곁에 남자가 없으면 삶의 기쁨과 의미를 찾지 못해서 그녀에게서 애인은 곧 숭배의 대상이 되었던 거죠.

로맨스가 결혼의 목적이 된 데는 문화의 영향이 커요. 디즈니 애니메이션 「포카혼타스」에서는 "100년 동안 당신을 모르고 사는 것보다 당신을 알고 지금 죽는 게 나아요"라고 말해요. 가수 홍진영 씨의 「사랑의 배터리」에서도 "당신은 나의 배터리 내겐 당신만이 전부예요"라고 노래하고요.

이런 문화에 영향을 받은 우리는 대개 이렇게 아름다운 로맨스 자체를 목적 삼아서 결혼하곤 하는데요. 결과는 어떨까요? 기대가 클수록 실망도 크듯이, 상대방이 내게 완벽한 만족을 주지 못할 때 실망도 크기 마련이에요. 실제로 로맨스만 보고서 결혼한 커플은 중매결혼의 경우보다 더 많이 이혼한다는 통계도 있답니다. 하버드대학교 로버트 엡스타인(Robert Epstein) 박사는 100쌍이 넘는 중매결혼 부부들과 연애결혼 부부들을 대상으로 8년간 조사했는데, 중매를 통해 맺어진 부부의 애정도는 결혼 후 10년이 지난 시점에서 연애결혼을 한 부부보다 약 두 배 정

---

1 팀 켈러, 『팀 켈러의 내가 만든 신』, 63.

도 높다는 결과를 밝혔어요.[2]

어떻게 이러한 결과가 가능할까요? 그것은 바로, 연애결혼의 기준과 목적이 주로 로맨스였기 때문이에요. '서로 사랑하니까', '함께 있고 싶으니까', '헤어지기 싫으니까'라는 감정들이 결혼 결정의 주된 동기였다는 거죠. 그런데 로맨스의 감정은 오래 지속되지 못해요. 마치 꽃처럼 시간이 지나면 시들어요. 서로가 상대가 아닌 자기 감정을 더 중요하게 생각하는데, 어떻게 서로에게 모든 걸 충족시킬 수 있겠어요. 부부관계의 유일한 끈이 그러한 로맨스의 감정이라면, 그 관계는 닻이 없어 쉽게 흔들리는 배처럼 결국 흔들리게 되는 거예요. 반면에 로맨스를 넘어서서 이성적으로 자신의 비전과 가치관에 부합한 사람, 서로를 존중할 수 있는 좋은 태도를 가진 사람을 선택한 부부의 관계는 어떨까요? 그러한 부부는 대개 어떠한 위기가 와도 함께 극복할 힘을 지닌답니다.

---

2 온종림, "오래 지속되는 사랑은 연애 아닌 중매결혼", 뉴데일리, 2011년 3월 6일, https://www.newdaily.co.kr/site/data/html/2011/03/06/2011030600039.html.

둘째, 자아실현이 목적인 결혼

결혼의 목적이 자아실현이라는 건, 상대 배우자의 외모나 재력을 통해서 자신의 욕구를 채우거나 성취를 이루려 한다는 거예요. 마치 쇼핑몰에서 원하는 상품을 고르듯 나에게 이득이 되는 배우자를 선택하는 거죠. 한국 사회에 '취집'이라는 말이 등장한 것도 이런 현상이 나타나고 있다는 실례라고 생각해요. 임승민 목사는 『결혼을 말하다』에서 현대의 자아실현적 결혼관 세 가지를 이렇게 표현했어요.

> 첫째, 운명의 그 사람: 내가 원하는 모든 조건을 갖춘, 오직 나만을 위해 존재하는 완벽한 배우자
> 둘째, 간섭하지 않는 그 사람: 겉으로는 서로 간섭하지 않는다고 하지만, 실제로는 자신을 무조건 받아 주기만 하는 배우자
> 셋째, 구원자 그 사람: 경제적 안정이나 신분 상승을 위한 '도구'로서의 배우자[3]

요즘 이혼율이 역대 어느 시대보다 높은 이유가 바로, 많은 이

---

3 임승민, 『결혼을 말하다』 (서울: 세움북스, 2020), 59-62.

들이 이렇게 자아실현을 목적으로 결혼하는 것과도 관련이 있다고 생각해요. 생각해 보세요. 내 만족이나 욕구를 완벽하게 채워 줄 '백마 탄 왕자'나 '평강공주'가 실제로 존재할까요? 아니요. 그건 환상에 지나지 않아요. 결혼생활을 시작한 지 얼마 되지 않아서 배우자에 대한 이러한 환상은 금세 깨지기 마련이에요. 함께 살면서 상대를 위해 내가 양보하고 희생하며 인내해야 할 일들이 얼마나 많은지 몰라요.

로맨스와 자아실현을 목적으로 둔 결혼의 폐해

로맨스와 자아실현을 목적으로 둔 결혼은 마치 짐승이 짝을 찾는 방식과 비슷해요. 감정만으로 배우자를 고르는 건 마치 새들이 화려한 깃털만 보고 짝을 고르는 것과 다를 바 없어요. 외모와 재력만 보고서 자아실현을 목적으로 결혼하는 것도 결국 나의 '섹스 파트너'나 '재정 후원자'를 찾는 것과 다름없어요. 암컷은 수컷에게 섹스 파트너가 되어 주고, 수컷은 암컷을 위해 먹이를 잡아다 주는 재정 후원자 역할을 하는 식으로 말이죠. 그러니 로맨스와 자아실현을 목적으로 결혼하는 것은 사실 상당히 비인간화된 모습이라고 할 수 있어요. 이런 결혼 생활은 어떻게 될까요? 관계가 불안정해져요. 짐승처럼 서로에게 본능적 혹은 자기중심적인 것만을 요구하게 되고, 결과적으로 이것이 충족되지 않을 때 관계는 불안정해지고 다툼이 일어나며 끝내 파탄을 맞이하게 되는 거예요.

그렇다면, 이처럼 결혼에 대한 비인간적인 인식이 생긴 근본 원인은 무엇일까요? 바로 결혼에 복음이 적용되지 않았기 때문이에요! 복음의 좋은 소식과 거룩한 요구가 결혼에 와닿지 않으니, 세상의 부정적이고 세속적인 관점이 우리 생각을 지배하게 된 거죠. 그러면 복음이 적용된 결혼에 관한 좋은 소식이자 행복한 결혼의 길은 무엇일까요?

복음이 말하는 '결혼':
"하나님의 비전이 목적이 될 때, 결혼은 행복해져."

지금까지 결혼생활에 불행감을 느끼는 결정적인 이유는 바로 '목적'이 복음에서 이탈했기 때문이라는 사실을 배웠어요. 그렇다면 성경이 가르치는 결혼의 목적은 무엇일까요? 한마디로 정의한다면 바로 '비전'이에요.

창세기 2장 18절에서 하나님은 아담에게 혼자 사는 것이 좋지 않으니 돕는 배필을 주시겠다고 말씀하셨어요. 그리고 창세기 2장 19절에서 하나님은 아담에게 들짐승과 각종 새의 이름을 지어 주는 일을 맡기셨어요. 이름을 지어 주었다는 것은 돌보고 관리했다는 의미예요. 즉, 하나님은 아담에게 이 땅을 돌보고 다스리는 비전을 주셨다는 거예요. 또 창세기 2장 20-22절에서 하나님은 아담이 이 일을 마치자 바로 아담을 잠들게 하신 후에 그의 갈빗대 하나를 취하셔서 여자(하와)를 만드셨어요. 앞으로 아담이 비전을 성취해 가는 과정에서 동역자(돕는 배필)가 필요했기에 그렇게 하신 거죠.

성경의 이런 흐름은 '돕는 배필'(배우자)의 필요성이 바로 비전과 연결되어 있다는 걸 보여 주는 거예요. 한 학자는 아담이 피조 세계를 돌보는 비전을 혼자서는 이룰 수 없음을 깨달았을 때 돕는 배필의 필요성을 자각했다고 주장했어요.[4] 즉, 아담은 배우자를 선정할 때 '함께 비전을 이루어 갈 수 있는 사람인가?'를 기준으로 본 것이라 할 수 있어요. '돕는 배필'에서 '돕는'에 해당하는 히브리어 '에제르'는 성경에서 보통 병력 보강을 표현할 때

4　K. A. Mathews, *Genesis* 1-11:26, *vol 1A*, *The New American Commentary* (Nashville: Broadman & Holman Publishers, 1996), 216.

쓰였다고 해요.[5] 즉, 배우자란 동일한 적군을 제압하거나 동일한 비전을 이루기 위해 하나님이 붙여 주신 '전우'와 같은 존재라는 거예요. 마치 등산할 때 서로를 지켜 주는 '동반자'처럼요.

이처럼 결혼은 로맨스와 자아실현이 아닌, 하나님의 비전을 목적으로 삼을 때 행복해질 수 있어요. 그래서 성경이 말하는 배우자 선정 기준의 핵심은 '두 사람이 동일한 비전으로 묶일 수 있는가'예요. 마치 같은 방향을 바라보며 함께 노를 젓는 두 사람처럼요. 아무리 성격이 잘 맞고 환경이 비슷해도, 인간은 본래 비전을 향해 나아가는 존재라서 비전이 맞지 않으면 진정으로 하나가 될 수 없어요.

복음으로 적용하기:
"비전이 결혼의 목적인 배우자를 선정하려면…"

비전이 결혼의 목적이라는 것은 구체적으로 무엇을 의미할까요? 간단히 말해서, 하나님께서 주신 비전을 위해 결혼을 한

---

5 팀 켈러, 캐시 켈러, 『결혼에 관하여』, 윤종석 옮김 (서울: 두란노, 2020), 59.

다는 뜻인데요. 각자 다른 비전을 목적하기보다 동일한 비전을 위해 결혼할 때 더욱 아름다운 관계가 형성·유지되지 않을까요? 여기에는 두 가지 중요한 조건이 있답니다.

배우자 선정 기준 1: 믿는 자

동일한 비전을 바라보기 위해서는 신앙이 있는 사람을 만나야 해요. 당연하죠? 생각해 보세요. 같은 곳을 바라보고, 같은 비전을 향해 걸어가야 하는데, 하나님을 모르거나 믿지 않는 사람과 이게 가능할까요? 함께 살아가면서 수많은 것들을 판단하고 결정해 나갈 텐데 신앙적 가치관을 가치고 소통할 수 없다면, 마치 한 사람은 남쪽으로 다른 사람은 북쪽으로 가려고 하는 것과 같을 거예요.

성경에서 이에 관한 두 가지 중요한 구절을 살펴볼게요. 먼저 구약의 말씀이에요. "이러므로 남자가 부모를 떠나 그의 아내와 합하여 둘이 한 몸을 이룰지로다"(창 2:24). 이에 대하여 팀 켈러는 이렇게 설명했어요.

> '연합'으로 번역된 원어는 '견고한 언약이나 계약'을 뜻하는 말이다. 이 언약은 두 사람의 삶을 모든 면에서 하나로 묶는다. 서로가 서로에게 완전히 녹아들어서 법률적, 사회적, 경제적으로 한 덩어리가 되는 것이다.[6]

결혼의 연합이란, 두 사람이 한 덩어리가 되는 거예요. 마치 두 조각의 퍼즐이 완벽하게 맞물리는 것처럼요. 그런데 불신자와의 결혼은 실질적으로 한 덩어리가 되는 게 불가능해요. 세상을 이해하는 관점이나 삶의 방식, 추구하는 가치관, 판단 기준이 너무 다르니까요. 이렇게 연합되지 않는다면 동일한 비전으로 묶이는 것도 불가능하겠죠.

신약의 말씀도 있어요. "너희는 믿지 않는 자와 멍에를 함께 메지 말라"(고후 6:14). 멍에란, 소나 당나귀를 함께 연결해 밭을 갈게 하는 도구예요. 멍에는 두 동물이 잘 맞지 않으면 고효율로 일하기는커녕 두 동물을 모두 힘들게 만들 뿐이죠. 팀 켈러 목사의 아내 캐시 켈러는 이것을 잘 설명했어요.

> 농부가 소와 당나귀가 멍에를 함께 매도록 한다면 어떤 일이 생

---

6 팀 켈러, 『팀 켈러, 결혼을 말하다』, 최종훈 옮김 (서울: 두란노, 2014), 299.

길지 한번 상상해 보라. 두 동물의 힘을 이용하도록 구성된 무거운 나무 멍에는, 분명 기울어질 것이다. 왜냐하면 두 동물의 키와 무게가 다르고, 걷는 속도가 다르고, 걸음걸이마저 다르기 때문이다. 멍에는 두 동물의 힘을 이용하기보다, 하중이 고루 분산되지 않아 오히려 두 동물의 살갗이 쓸리게 만들 것이다. 믿지 않는 자와의 결혼은 그리스도인에게 지혜롭지 않은 일일 뿐만 아니라, 믿지 않는 그 사람에게도 합당하지 않으며, 결국은 둘 모두에게 골칫거리가 될 것이다.[7]

그녀의 말처럼 신자와 불신자의 결혼은 두 사람 모두에게 어려움을 줄 가능성이 커요. 결혼 관계는 로맨스나 비슷한 취향 이상의 것이 필요해요. 그것은 바로 인격적이고 영적인 친밀감, 즉 동일한 비전을 공유하는 거예요. 결혼은 두 사람이 서로 마주 보는 것이 아니라 나란히 서서 한곳을 바라보는 것이거든요. 따라서 서로가 비전으로 묶이지 않으면 결혼생활을 지탱하기 어려워요.

---

[7] 팀 켈러 목사의 아내 캐시 켈러(Kathy Keller)가 TGC에 과거 게재했던 글 "믿지 않는 자와 결혼해서는 안 되는 이유(Don't Take It from Me: Reasons You Should Not Marry an Unbeliever)", 『크리스찬투데이』, 2019년 10월 3일, https://www.christiantoday.co.kr/news/325778#_cmt.

제 경험을 말씀드리자면, 저와 아내는 성향, 신앙의 색깔 및 가치관이 매우 비슷해요. 그래서 둘만 있어도 즐겁답니다. 그런데도 가끔은 하나 되기 힘든 순간이 있어요. 의도하지 않게 서로의 마음을 상하게 하기도 하고, 어느 사안에서 의견이 다를 때도 있죠. 그런데 이것을 잘 극복할 수 있는 이유는 저희 부부가 같은 믿음을 고백하기 때문이에요. **하나님의 말씀에 순종하려는 믿음.** 가장 중요하게 여기는 것이 같으니까 부수적인 것들이 좀 다르더라도 서로를 존중하며 맞추어 갈 수 있었어요. 하나 됨의 가장 기본 조건은 우리의 비전을 하나 되게 하는 '믿음'이에요. 믿음의 사람은 믿음의 사람을 만나야 영적인 연합을 이룰 수 있답니다. 그래서 배우자는 반드시 신앙을 가진 사람이어야 해요.

배우자 선정 기준 2: 신앙의 방향성이 같은 사람

첫 번째가 신앙의 유무였다면, 두 번째는 신앙 안에서 삶의 방향성이 같은지를 알아야 해요. 신앙을 가졌지만 추구하는 삶의 비전과 방식이 다르면 결혼 생활에 반드시 어려움이 생기기 마련이거든요.

제가 아는 한 목회자는 순수하고 헌신적이고 열정적인 분이에요. 어렵더라도 목회의 길을 가길 원했는데, 안타깝게도 사모님의 삶의 방향성은 그렇지 못했어요. 자신이 어릴 때부터 다니던 교회를 떠나기 싫다고 강하게 말씀하셨죠. 결국 목사님은 주중에는 직장을 다니고 주말에만 사역하다가, 사역을 이어 가지 못하고 중단하게 되셨어요.

이처럼 부부의 신앙이 동일한 비전으로 묶이지 못하면 신앙 안에 있더라도 내적으로나 외적으로 지속적인 갈등이 초래되기 마련이에요. 그래서 배우자를 선정할 때는 자신과 **비전의 방향성과 추구하는 삶의 방향성**이 비슷한지를 가능한 한 꼼꼼히 점검해야 해요.

점검하라! 적신호를 덮지 말라!

주위 사람들에게 언제나 남편을 '로또 같은 사람'이라고 소개하는 아내가 있었어요. 왜 그런지 물으니 "정말 징그럽게 안 맞아요"라고 대답했대요. 마치 자석의 같은 극처럼 서로 밀어내는 사이라는 거예요.

이분이 결혼 전에 서로 맞지 않는다는 것을 몰랐을까요? 그럴 수도 있어요. 결혼예비학교의 개척자 H. 노먼 라이트(H. Norman Wright)는 의외로 많은 결혼 예비자들이 상대 배우자를 충분히 알아보지 않고서 결혼한다고 주장했어요.[8] 예비 배우자의 일부 면만 보고서 "이 정도면 결혼생활에 큰 문제 없겠지"라고 섣불리 판단한다는 거예요. 마치 옷을 살 때, 재질이나 사이즈 등을 확인하지 않고 스타일만 보고서 사는 사람처럼 말이죠. 결국 많은 사람들이 상대 배우자를 나름 잘 안다고 착각한 채로, 실제 잘 모르는 사람과 결혼하게 되는 거예요.

더 심각한 문제는 상대방의 부정적인 면을 알면서도 결혼을 하기 위해 그냥 덮어 버리는 경우예요. 명확한 적신호가 보여도 '사랑'이라는 이름으로, 또는 지나친 낙관주의로 무시해 버리는 거죠. 예를 들면 이런 것들이요.[9] 예비 배우자의 영성이 매우 부족한데도 '하나님이 그에게 놀라운 변화를 주실 거야'라고 생각하거나, 상대가 자주 감정적으로 폭발하는 사람이어도 '내가 도와주면 고칠 수 있을 거야!'라고 믿는 것 말이에요.

---

8 H. 노먼 라이트, 『이 사람과 결혼해도 될까?』, 오현석 옮김 (서울: 규장, 2018), 13.
9 위의 책, 27-28.

하지만 그러한 적신호는 결혼 후에 실체로 드러나기 마련이에요. 결혼 전에 없던 영성이 결혼한다고 갑자기 생기지 않아요. 조절되지 않던 분노와 우울이 결혼 후에 쉽게 나아지지도 않고요. 오히려 더 심해질지도 몰라요. 언제 폭발할지 모르는 휴화산과 같은 사람을 곁에 둔다면 얼마나 불안할까요. 그래서 잘 점검하고, 적신호가 보이면 신뢰하는 이에게서 조언을 얻고, 관계를 과감히 정리하는 것까지도 고민해야 해요. '그렇다고 관계를 정리하는 건 너무 심한 거 아니야?'라고 생각할 수도 있겠지만, 전자 제품조차도 주문 전에 꼼꼼하게 가성비를 따져 구매하잖아요. 그러니 평생을 함께할 결혼 상대를 택할 때 신중해야 하는 건 너무나도 당연해요!

『5가지 사랑의 언어』로 유명한 게리 채프먼(Gary Chapman)이 만난 한 젊은 여성의 이야기가 있어요. 그녀는 '앤드류'라는 남자와 3년간 연애했는데, 두 사람 모두 그리스도인이었고 공통된 관심사도 많았대요. 하지만 앤드류에게는 기독교가 단지 '종교'였고, 그녀에게는 '삶'이었대요. 그래서 어떻게 했을까요? 그녀는 고민 끝에 관계를 정리했대요. 그리고 3년 후, 자신과 신앙의 수준과 결이 비슷한 사람을 만나 결혼해서 행복한 가정을 꾸렸다고 해요.[10] 여러분도 나에게 꼭 맞는 배우자를 짝지어 주기 원하시는 하나님께 의뢰하며, 중요한 믿음의 기준을 가지고서 환상이 아닌 **기도로 나아가세요.** 하나님께서 그러한 노력을 기뻐하실 거예요.

비혼이든지, 결혼이든지 목적은 동일

지금까지, 결혼의 목적이 하나님의 비전이어야 행복한 결혼을 할 수 있음을 살펴봤어요. 그런데 요즘 비혼을 고민하는 청년들이 많은 것 같아요. 혹시 이 글을 읽는 분 중에도 있지 않나요? 그렇다면 비혼을 선택한 청년들을 향한 하나님의 목적(뜻)은 무엇일까요? 놀랍게도 결혼의 목적과 동일해요. 바로 하나님의 비전이에요!

바울은 하나님께서 비혼을 허용하셨다고 말해요(고전 7:7-8). 하지만 여기서 고려해야 하는 건, 성경이 기록된 고대 시대의 비

---

10 게리 채프먼, 『결혼 전에 꼭 알아야 할 12가지』, 김태곤 옮김 (서울: 생명의말씀사, 2010), 141-142.

혼(독신)은 현대처럼 화려하고 자유로운 모습이 아니었다는 사실이에요. 오히려 당시 사회에서는 가정을 이루고 아이를 낳는 일에 절대적인 가치를 두었거든요. 팀 켈러는 당시에 고대 종교와 문화가 가문의 영예를 계승하는 일을 매우 중요시했기 때문에, 오랫동안 싱글로 살아가는 성인은 완전히 자기를 실현하지 못한 인생으로 취급받았다고 설명해요. 심지어 아우구스티누스 시대에는 이혼이나 사별 후 2년 안에 재혼하지 않으면 벌금을 물어야 했대요.[11] 이런 사회적 분위기를 생각해 보면, 바울 시대에 비혼(독신)으로 살아가는 건 오늘날 다양한 이유로 비혼을 선택하는 상황과는 사회적 맥락이 매우 달랐다는 걸 알 수 있어요. 오히려 주변의 시선과 압박을 견디면서도 하나님의 비전을 이루기 위해 그 삶을 기꺼이 선택한 거죠.

바울은 "장가 가지 않은 자는 주의 일을 염려하여 어찌하여야 주를 기쁘시게 할까 하되"(고전 7:32)라고 말했어요. 여기서 '염려'란 '전념하다', '정성을 들이다'라는 뜻이에요. 이 말씀은 결혼하지 않은 사람이 갖는 고유한 기회와 특권이 있음을 보여 줘요. 비혼자는 배우자와 가정을 돌보는 책임에서 자유롭기 때문에 그 시간과 에너지를 하나님의 일에 더 전념하고 집중해서 일

---

11 팀 켈러, 『팀 켈러, 결혼을 말하다』, 263-265.

할 수 있다는 거죠. 따라서 비혼의 삶은 '부족한 것'이 아니라, 하나님 나라를 위해 더 많은 것을 드릴 수 있는 특별한 기회인 셈이에요. 믿음의 선배들 중에도 평생 독신으로 살면서 선교, 교육, 사회봉사에 자신의 인생을 온전히 드린 분들이 많았어요. 그들은 자신의 비혼을 하나님께서 주신 선물로 여기고서, 그 선물을 통해서 하나님 나라를 확장하는 일들에 집중했어요. 자유롭게 사용할 수 있는 자신의 시간과 열정을 하나님을 기쁘시게 하는 일에 쏟음으로써 특별한 삶의 의미를 발견했던 것이죠.

결국 중요한 것은 결혼이든 비혼이든, 하나님의 비전을 목적으로 할 때, '청년(靑年)'이라는 말답게 진정 푸르른 인생을 살 수 있다는 거예요. 결혼이든 비혼이든 **하나님의 비전이 인생의 중심에** 있을 때, 우리 인생은 진정한 의미와 기쁨을 누릴 수 있답니다.

개인 묵상을 위한 미션

자기 평가

1. 결혼에 대해서 자주 느끼는 감정이나 기대는 무엇인가요?

- [ ] 기대/설렘
- [ ] 불안/두려움
- [ ] 안정감/편안함
- [ ] 부담감/압박감
- [ ] 혼란/갈등
- [ ] 기타:

2. 이러한 감정이나 기대를 갖는 이유는 무엇인가요? 어릴 적, 부모님(양육자)은 결혼에 대해 어떤 가르침이나 태도를 보여 주셨나요? 결혼에 대한 당신의 현재 태도를 형성하는 데 있어서 가장 큰 영향을 미친 경험(미디어 및 주변 사람들)이 있다면 무엇인가요? 그로 인해 현재 당신은 결혼에 대해 어떤 태도와 생각을 갖고 있나요? 예시를 참고하여 자신을 성찰한 후, 나의 이야기를 써 보세요.

예시

나는 결혼에 대해 주로 불안/두려움을 느낀다. 어린 시절 갈등이 많은 부모님의 결혼 생활을 지켜보며 형성된 것 같다. 부모님은 서로 다른 가치관 때문에 자주 다투셨고, 내게 결혼은 '타협과 인내'가 필요한 것으로 묘사되었다. 특히 어머니께서 "결혼은 신중하게 해야 한다"라는 말씀을 자주 하셨다. 가장 큰 영향을 미친 경험은 대학 시절 친한 선배의 이혼 과정을 가까이서 지켜본 것이다. 처음에는 완벽해 보였던 관계가 시간이 지나며 무너지는 모습은 내게 매우 충격적이었고, 결혼이 단순한 감정이나 외적 조건만으로는 지속될 수 없다는 교훈을 얻었다. 이러한 경험들로 인해 나는 결혼에 대해 매우 신중한 태도를 갖게 되었고, 과도하게 이상적인 기준을 세우기도 했다. 신앙 안에서도 "하나님께서 준비하신 완벽한 배우자"를 기다리며 관계 형성 자체를 미루는 경향을 가진 사람들이 있다. 또한 결혼 관계의 어려움에 대한 두려움 때문에 깊은 관계를 맺는 것을 주저하고, 상대방의 작은 단점도 '잠재적 갈등 요소'로 크게 인식하는 경향이 있는 것 같다.

나의 이야기

3. 결혼에 대한 나의 관점을 성찰하며, 다음 질문에 답하세요.

① 결혼을 통해 얻고 싶은 것은 무엇인가요?

② 배우자에게 바라는 가장 중요한 세 가지 조건은 무엇인가요?

1)

2)

3)

③ 결혼생활에서 가장 기대하는 것과 가장 두려운 것은 무엇인가요?

변화하기

1. 변화를 위한 실천 계획

앞서 우리는 배우자에게 바라는 조건을 생각해 보았어요. 하지만 행복한 결혼 생활은 일방적인 노력이 아닌, 쌍방의 노력으로 이루어진다는 걸 명심하세요. 그러니 나 또한 좋은 배우자가 되기 위해 노력해야 해요. 혹시 주변에서 본받고 싶은 배우자의 모습을 본 적이 있다면 세 가지를 적어 봅시다. 그리고 그것을 닮아 가도록 노력해 봅시다.

예시

1. ○○○ 집사님. 아내분이 이야기할 때 휴대폰을 내려놓고 눈을 마주치며 온전히 집중하는 모습이 인상적이었다.

2. ○○○ 목사님. 가정의 매일 저녁 감사 나눔 시간을 본받고 싶다. 하루의 크고 작은 일들 속에서 감사할 점을 찾아 나누는 습관이 20년 넘게 이어져 온 것이 놀라웠다. 어려운 상황에서도 늘 감사를 찾는 그 태도가 가정 분위기를 밝고 건강하게 만든다고 생각한다.

3. ○○○ 선생님. 배우자의 꿈과 성장을 적극적으로 지지하고 돕는 모습을 닮고 싶다. 선생님은 아내가 대학원에 진학했을 때 가사를 기꺼이 분담하고, 아내의 공부를 위해 자신의 취미 시간을 기꺼이 양보하는 모습을 보여 주었다. 서로의 성장을 위해 희생하고 지원하는 그런 배우자가 되고 싶다.

내가 본받고 싶은 모습 세 가지

1
_____

2
_____

3
_____

2. 결혼 대상자와의 관계 점검을 위해 체크리스트 활용하기!

행복한 결혼은 자신만의 노력으로 되는 것이 아니라 상대방과의 관계 속에서 이루어지는 것이기에 관계의 점검이 매우 중요해요. 이를 위해 다음의 체크리스트를 활용하여 관계를 점검해 보세요.

▶ 체크리스트 활용 방법

1. 각 항목을 정직하게 체크해 보세요.
2. 체크하지 못한 항목이 있다면, 그 부분에 대해 더 알아보고 대화할 필요가 있어요.
3. 특히 '적신호' 항목에 체크된 것이 있다면, 신중하게 관계를 점검하고서 조언을 구하며 기도하세요.
4. 이 체크리스트는 완벽한 배우자를 찾기 위한 것이 아니라, 하나님의 비전을 함께 이루어 갈 수 있는 파트너를 분별하는 도구입니다.

1부: 신앙적 일치 점검하기

1. 신앙의 유무

☐ 상대방은 그리스도를 구주로 고백하는 신앙인입니까?

☐ 상대방은 성경을 하나님의 말씀으로 신뢰합니까?

2. 신앙의 깊이와 성숙도

☐ 상대방은 정기적으로 개인 경건 생활(기도, 성경읽기)을 하고 있습니까?

☐ 상대방은 교회 공동체에 헌신하고 있습니까?

☐ 상대방은 자신의 신앙에 대해 자연스럽게 이야기할 수 있습니까?

☐ 상대방은 어려운 상황에서도 하나님을 신뢰하는 모습을 보여 주었습니까?

3. 신앙의 방향성

☐ 상대방의 신앙적 가치관과 우선순위가 나와 충분히 일치합니까?

☐ 상대방은 영적인 주제에 대해 나와 의미 있는 대화를 나눌 수 있습니까?

☐ 상대방은 결혼과 가정에 대한 성경적 관점을 가지고 있습니까?

4. 기타:

2부: 비전의 일치 점검하기

1. 삶의 목적과 방향

- [ ] 상대방의 삶의 목적과 방향이 나와 일치합니까?
- [ ] 상대방이 추구하는 가치와 우선순위가 나와 조화를 이룹니까?
- [ ] 우리는 서로의 부르심과 은사에 대해 존중하고 격려합니까?

2. 가정에 대한 비전

- [ ] 자녀 양육에 대한 관점이 일치합니까? (자녀 계획, 교육 방식 등)
- [ ] 가정 경제 관리에 대한 생각이 일치합니까? (저축, 투자, 헌금 등)
- [ ] 가족 관계(시댁/처가와의 관계)에 대한 기대가 조화를 이룹니까?

3. 사역과 섬김에 대한 비전

- [ ] 교회와 공동체 섬김에 대한 열정을 서로 공유합니까?
- [ ] 선교나 사회적 책임에 대한 관점이 일치합니까?
- [ ] 서로의 은사를 통해 하나님 나라를 확장하는 데 동역자가 될 수 있습니까?

4. 기타:

3부: 인격적 성숙도 점검하기

1. 자기 이해와 성찰

- ☐ 상대방은 자신의 강점과 약점을 인식하고 있습니까?
- ☐ 상대방은 자신의 감정을 건강하게 표현하고 조절할 수 있습니까?
- ☐ 상대방은 자신의 실수를 인정하고 배우려는 자세가 있습니까?

2. 관계적 성숙함

- ☐ 상대방은 갈등 상황을 건강하게 해결하는 능력이 있습니까?
- ☐ 상대방은 나의 의견이나 감정을 존중하고 경청합니까?
- ☐ 상대방은 필요할 때 솔직하게 의사소통을 할 수 있습니까?
- ☐ 상대방은 다른 사람들과의 관계에서 건강한 경계를 유지합니까?

3. 책임감

- ☐ 상대방은 자신의 역할과 책임을 성실히 수행합니까?
- ☐ 상대방은 재정적으로 책임감 있게 행동합니까?
- ☐ 상대방은 자신의 약속과 헌신을 지킵니까?

4. 기타:

> **4부: 적신호 점검하기**

1. 신앙적 적신호

☐ 상대방의 신앙이 말과 행동에서 일치하지 않는 모습이 있습니까?

☐ 상대방이 결혼 후 변화할 것이라는 기대만으로 관계를 유지하고 있지는 않습니까?

☐ 성경적 가치관보다 세상적 가치관이 우선시되는 경향이 있습니까?

2. 관계적 적신호

☐ 상대방이 분노를 조절하지 못하거나 폭력적인 모습을 보인 적이 있습니까?

☐ 상대방이 지속적으로 당신을 통제하거나 고립시키려 하지는 않습니까?

☐ 정직하지 못하거나 중요한 정보를 숨기는 경향이 있지는 않습니까?

☐ 의사소통이 주로 비난이나 방어 위주로 이루어집니까?

3. 책임감 관련 적신호

☐ 재정적 무책임함(과도한 빚, 충동구매 등)이 보입니까?
☐ 지속적인 중독 문제(알코올, 도박, 포르노 등)가 있습니까?
☐ 직업적 불안정함이 계속되고 있습니까?

4. 기타:

5부: 기도하며 점검하기

모든 결정 과정에서 기도로써 성령의 인도하심을 구하는 것이 중요합니다.

1. 하나님의 인도하심

☐ 이 관계에 대해 꾸준히 기도하고 있습니까?
☐ 성경 말씀을 통해 이 관계에 대한 지혜를 구하고 있습니까?
☐ 영적 멘토나 신뢰할 수 있는 신앙 선배들의 조언을 구했습니까?

2. 내면의 평안

☐ 이 관계에 대해 성령님께서 주시는 평안이 있습니까?

☐ 관계의 진전에 따라 영적 성장을 경험하고 있습니까?

☐ 함께 있을 때 하나님께 더 가까워지는 느낌이 있습니까?

3. 기타:

소그룹 나눔을 위한 질문

1. 결혼을 대할 때, 내가 자주 느끼는 감정은 어떤 것인가요? 이 감정이 생긴 이유나 계기가 있다면 함께 나누어 보세요.

2. 개인 미션을 작성하면서 '아, 내가 이런 사람이었구나' 하고 새롭게 알게 된 점이 있다면 어떤 게 있나요?

3. 좋은 배우자감으로 성장하기 위해 어떠한 실천을 해 보고 싶나요?

4. 다른 사람의 이야기를 듣고 새롭게 깨달은 점이 있다면 무엇인가요?

07 공정과 복음

"불공정 현타, 은혜로 해소"

1 천국은 마치 품꾼을 얻어 포도원에 들여보내려고 이른 아침에 나간 집 주인과 같으니 2 그가 하루 한 데나리온씩 품꾼들과 약속하여 포도원에 들여보내고 3 또 제삼시에 나가 보니 장터에 놀고 서 있는 사람들이 또 있는지라 4 그들에게 이르되 너희도 포도원에 들어가라 내가 너희에게 상당하게 주리라 하니 그들이 가고 5 제육시와 제구시에 또 나가 그와 같이 하고 6 제십일시에도 나가 보니 서 있는 사람들이 또 있는지라 이르되 너희는 어찌하여 종일토록 놀고 여기 서 있느냐 7 이르되 우리를 품꾼으로 쓰는 이가 없음이니이다 이르되 너희도 포도원에 들어가라 하니라 8 저물매 포도원 주인이 청지기에게 이르되 품꾼들을 불러 나중 온 자로부터 시작하여 먼저 온 자까지 삯을 주라 하니

9 제십일시에 온 자들이 와서 한 데나리온씩을 받거늘 10 먼저 온 자들이 와서 더 받을 줄 알았더니 그들도 한 데나리온씩 받은 지라 11 받은 후 집 주인을 원망하여 이르되 12 나중 온 이 사람들은 한 시간밖에 일하지 아니하였거늘 그들을 종일 수고하며 더위를 견딘 우리와 같게 하였나이다 13 주인이 그 중의 한 사람에게 대답하여 이르되 친구여 내가 네게 잘못한 것이 없노라 네가 나와 한 데나리온의 약속을 하지 아니하였느냐 14 네 것이나 가지고 가라 나중 온 이 사람에게 너와 같이 주는 것이 내 뜻이니라 15 내 것을 가지고 내 뜻대로 할 것이 아니냐 내가 선하므로 네가 악하게 보느냐 16 이와 같이 나중 된 자로서 먼저 되고 먼저 된 자로서 나중 되리라 _ 마 20:1-16

여러분, 이런 말 많이 들어 보셨죠? "너무 분해! 이거 너무 불공평한 거 아니야?", "노력해도 소용없어. 이미 기울어진 운동장이라고!", "불공정한 대우를 받으면서 살 바에야 차라리…" 같은 말이요. 또 SNS에서는 #금수저 #흙수저 #노력충 #능력주의 같은 해시태그와 함께, 불공정한 경험을 고발하고 분노를 표현하는 게시물이 넘쳐 나는 것 같아요.

이처럼, 이 세상에는 실제로 심각한 불공정이 존재해요. 기회의 불평등, 구조적 차별, 부의 불균형 같은 문제들은 분명 정의

롭지 못한 현실이에요. 우리는 그리스도인으로서 이런 불의에 맞서 목소리를 높여야 할 때가 있어요. 하지만 때로는 오해와 확대 해석으로 인해 실제로는 불공정하지 않은 상황인데도 불공정하다고 착각하는 함정에 빠지기도 해요. 혹은 자신의 기대나 욕심이 충족되지 않을 때, 그것을 '불공정'이라고 규정짓기도 해요. 이런 착각은 우리의 마음에 불필요한 분노와 좌절을 가져오는 것 같아요.

이런 착각이 생기는 근본적인 이유는 뭘까요? 불공정을 바라보는 관점에 복음이 적용되지 않았기 때문이에요. 복음은 '좋은 소식'이라는 뜻이에요. 이 좋은 소식이 불공정이라는 현실에 와 닿지 않으니 세상의 부정적인 시각이 우리의 생각을 지배하게 된 거예요. 우리는 아무리 불공정하다고 느껴지는 상황일지라도, 자유와 평안을 주는 복음의 관점을 지닐 수 있어야만 해요.

복음이 말하는 '공정':
"불공정해 보이는 상황은 나를 성장시키는 기회야."

오늘 함께 살펴볼 이야기는 포도원의 품꾼 비유예요. 주인은 한국 시간으로 오전 6시, 9시, 12시, 오후 3시, 오후 5시까지 총 5회에 걸쳐 포도원의 일꾼을 고용했어요. 가장 먼저 고용된 사람들에게 한 데나리온으로 일당을 약속하며 그들을 고용했죠. 그리고 일이 끝난 후, 주인은 가장 늦게 온 사람들부터 일당을 지급했는데 그들에게도 한 데나리온을 지급하는 거예요. 가장 먼저 온 사람들과 똑같이 한 데나리온을 받은 거죠. 가장 먼저 온 사람들은 이 대우가 불공정하다며 주인을 원망했어요.

이 이야기를 단순하게 보면 주인은 굉장히 불공정해 보여요. 가장 먼저 온 사람들은 12시간 일했고, 가장 늦게 온 사람들은 고작 1시간을 일했는데 동일한 임금을 주었으니까요.

성경에서 예수님은 이 포도원 주인의 비유를 하시면서 "천국은 마치 품꾼을 얻어 포도원에 들여보내려고 이른 아침에 나간 집 주인과 같으니"(마 20:1)라고 말씀하셨어요. 포도원의 주인을 통해 하나님 나라의 원리를 설명하고 계신 거예요. '하나님 나라에는 불공정이 없다'라는 것이 성경이 말하는 대원칙이에요. 이런 맥락에서 보면, 예수님께서 하나님 나라를 설명하기 위해 드신 이 비유에서 주인의 행동이 불공정할 리 없다는 것을 알 수 있어요. 주인(하나님)이 행한 일이 불공정하다면, 그것은 하나님 나라의 본질과 모순되기 때문이죠. 이는 그리스도인들이 불공정해 보이는 일을 다른 시각으로 바라보기를 요구하는 거예요. 불공정해 보이는 일들도 하나님의 다른 차원의 공정함과 지혜가 담겨 있을 수 있기 때문이죠. 따라서 그리스도인들은 세상의 기준을 가지고 쉽게 "불공정해!"라고 외치며 분노하고 좌절하기보다 그 상황 속에서 하나님의 다른 의도와 지혜를 찾아보는 자세가 필요해요.

> **복음으로 적용하기:**
> "시각을 전환하고, 감사를 회복하고, 은혜를 베풀어야 해."

삶에서 불공정함을 경험할 때 우리의 감정은 쉽게 통제되지 않는 것 같아요. 포도원 비유에서 먼저 온 일꾼들이 느꼈던 것처럼, 우리도 '이건 불공평해!'라는 분노의 감정에 사로잡히게 되죠. 하루 종일 일을 했음에도 불구하고 한 시간만 일한 사람들과 같은 임금을 받으니, 그들도 주인이 원망스럽고 화가 날 만하죠.

이런 감정은 어찌 보면 당연한 것 같아요. 그러나 문제는 이런 분노의 감정에 계속 묶여 있느냐, 아니면 이것을 넘어서 자유로움을 경험하느냐에 있어요. 예수님은 이 비유를 통해, 우리가 불공정해 보이는 상황을 어떻게 바라보길 바라시는 걸까요? 불공정한 사건에 직면했을 때, 분노와 좌절에 빠지지 않고 자유를 경험하게 하는 세 가지 단계를 함께 살펴보도록 해요.

불공정에서 자유로워지는 3단계

시각의 전환	감사의 회복	은혜를 베풂
내 욕심 발견하기	내가 받은 혜택 찾기	하나님의 관대함 닮기

핵심 질문

| "이 불공정함이 내 욕심 때문인가?" | "나는 어떤 영역에서 수혜자인가?" | "하나님의 관점에서 공정함이란?" |

1단계, 시각의 전환: 분노 안에 있는 나의 욕심 깨닫기

먼저 온 품꾼들은 자기들의 기대대로 임금을 받지 못해 주인을 원망했어요. 그런데 사실, 법적으로 보면 주인은 계약대로 한 거예요. 주인에게는 아무런 잘못도 없어요. 그래서 주인은 이렇게 말해요. "주인이 그중의 한 사람에게 대답하여 이르되 친구여 내가 네게 잘못한 것이 없노라 네가 나와 한 데나리온의 약속을 하지 아니하였느냐"(마 20:13). 주인이 말한 것처럼 그에게는 잘못한 것이 전혀 없었어요. 약속했던 것 그대로 지불했거든요. 그런데 먼저 온 품꾼들이 왜 분노했을까요? 약속한 것 이상의 것을 기대했기 때문이에요.

한 교육학 교수가 쓴 칼럼인 「평등이라는 이름의 욕망」에는 눈여겨볼 만한 일화가 소개되고 있어요.[1] 한국인 부부 네 쌍이 해외여행을 갔는데, 다이아몬드가 탐이 나서 구입을 했대요. 그들은 입국 검색대에 다다라서야 조바심이 생겼어요. 앞의 세 쌍은 검색원이 짐 보따리를 체크하지 않아 검색대를 통과했는데, 검색원이 마지막 네 번째 부부의 짐을 풀어 체크했대요. 그렇게 적발된 부부의 아내는 온갖 하소연을 했지만, 검색원은 눈 하나 깜짝하지 않았죠. 그런데 그녀의 마음에 갑자기 부당하다는 생각이 들어서 세관에게 이렇게 따졌대요. "아니! 왜 나만 가지고 그래요? 내 앞에 서 있던 세 사람도 모두 똑같이 다이아몬드를 많이 샀는데, 왜 나만 가지고 그러느냐고요? 공평하게 하란 말이야~!"

---

[1] 박인기, "평등이라는 이름의 욕망", 『한국교육신문』, 2015년 5월 1일, https://www.hangyo.com/news/article.html?no=77959.

이 여성은 지금 심각한 최면에 빠진 거예요. 그녀는 명백히 욕심으로 불법을 저지른 범법자예요. 그래서 봐 달라고 하소연하며 검색원에게 싹싹 빌기까지 했는데, 돌연 생각이 바뀌게 된 거예요. 자신을 불공정하게 처우받은 피해자로 인식해 버리고 말았어요. "공평하게 하란 말이야~!"

많은 사람들이 이와 같은 인지 오류에 종종 빠지는 것 같아요. 문제의 본질은 자신의 욕심임에도 불구하고, 자신을 불공정의 피해자로 규정하죠. 먼저 온 품꾼들이 욕심으로 잘못한 것 없는 주인을 불공정한 자로 규정하고 원망했던 것처럼요. 이런 인지 오류와 최면에 빠지면 결국 스스로 불행하게 돼요. 만약에 이 부인이 문제의 본질을 자신의 욕심이었다고 인정했다면, 그녀는 자신을 성찰하고 뉘우치며 인격의 성숙을 이룰 수 있었을 거예요. '아! 내가 순간, 보석에 눈이 멀어 이런 짓을 저질렀구나. 다음부터는 더 깨어 있어야겠다'라는 뉘우침으로 말이에요. 하지만 그녀는 뉘우치기는커녕, 검색원 탓을 하며 자신이 불공정의 피해자라는 거대한 착각에 빠지게 돼요. 얼마나 안타까운 상황인가요!

자유로워지는 길: 솔직한 자기 점검의 힘

이해를 돕기 위해 예전에 사역했던 교회에서의 일을 나누어 볼게요. 저와 같은 시기에 사역을 시작한 동기 목사님이 있었어요. 선임 목사님은 저보다 동기가 더 열심히 한다는 평가를 내리곤 했는데요. 저는 이 평가가 불공정하다고 생각했어요. 맡은 직책도 사역에 대한 성실함도 비슷했거든요. 오히려 제가 동기보다 더 늦게 퇴근하며 교회에 머무르는 시간이 더 많았고요. 그러니 '왜 내가 이렇게 박한 평가를 받아야 하나'라는 생각에 억울해했어요.

그런데 어느 날 그 동기 목사님과 대화를 나누게 됐어요. 그 대화를 통해 저는 선임 목사님의 평가가 공정하다는 것을 스스로 인정하게 되었어요. 저보다 훨씬 더 많은 시간을 들여 업무의 효율성과 그 업무를 대하는 태도를 고민하고 있었거든요. 그는 사무실에서뿐만 아니라, 집에서나 운동하러 가서나 이 고민을 지속했어요. 그것이 대화할 때 다 드러나더라고요. 그날 동기의 모습을 보면서, 저는 그가 나보다 더 열심히 일했음을 인정하지 않을 수가 없었어요. 그런데 저는 인정받고 싶다는 욕심에 선임의 객관적인 평가를 부당함으로 매도해 버린 거예요. 이것을 깨닫기 전까지 저는 억울함에 시달려야 했어요. 그런데 깨닫고 나니 불공정하다는 생각이 주는 억울함에서 자유로워졌어요.

세관에 적발된 부인이 느낀 불공정의 실체가 자신의 욕심이었던 것처럼, 먼저 온 품꾼들이 느낀 불공정의 실체는 욕심이었어요. 주인은 결코 불공정하게 대하지 않았답니다. 약속한 것 그대로 이행했으니까요. 여러분은 어떠세요? 여러분이 불공정하다고 느낀 사건의 본질이 혹시 여러분의 욕심은 아닐까요? 약속받은 것을 누리고 있으면서도 그 이상의 것을 원하는 욕심이 채워지지 않아 불공정한 처사라고 매도한 것은 아닌가요? 이런 생각에 빠지면 모든 손해는 결국 자기 자신이 받게 돼요. 이런 생각은 억울함과 분노, 그리고 좌절이라는 감정의 덫으로 우리를 이끌기 때문이에요.

이를 벗어나기 위해서는 불공정하다는 생각이 실상 내 욕심은 아니었는지 솔직하게 살펴보는 것이 필요해요. '내가 정말 불공정한 대우를 받았는지, 아니면 내 기대가 너무 컸던 것인지' 정직하게 자기를 점검하는 거죠. 또한 '내게 실제로 약속된 것이 무엇이었는지, 그것이 지켜졌는지'를 물으며 상황을 객관적으로 바라보는 것도 필요해요. 이런 성찰의 과정을 통해 불공정함의 실체를 확인하게 되면, 분노와 억울함이라는 감정의 감옥에서 벗어나 자유로움을 경험하게 될 거예요.

2단계, 감사의 회복:
나도 특별한 혜택을 받았음을 인식하기

방금 살펴보았듯이, 먼저 온 품꾼들은 주인이 약속한 대로 한 데나리온의 임금을 받았기에, 주인이 불공정한 행동을 한 것은 아니에요. 하지만 12시간 일한 자신들과 늦게 와서 1시간 일한 품꾼들이 같은 임금을 받았으니, 먼저 온 자들이 불공정을 느끼는 것은 통상적인 차원에서 이해가 돼요. 그렇다면, 이런 경우에는 어떻게 해야 불공정의 감정에서 자유로워질 수 있을까요?

그 답은, 자신도 다른 영역에서 특별한 혜택을 받았다는 것을 인식하는 거예요. 나도 삶의 어떤 부분에서 남들보다 더 나은 조건이나 기회를 받았다는 것을 깨달을 때, 부당하다는 억울한 감정에서 벗어날 수 있어요.

먼저 온 품꾼들은 사실 이미 특별한 혜택을 받은 사람들이었어요. "또 제삼시에 나가 보니 장터에 놀고 서 있는 사람들이 또 있는지라"(마 20:3). '놀다'라는 말은 일이 없었다는 뜻이에요. 로마 제국의 식민 체제 속에서 유대 지역의 경제는 매우 피폐해져서 일자리가 없었어요. 또한 일꾼의 대부분은 소작농이거나 아버지의 땅을 상속받지 못한 사람들이어서 각자 일자리를 찾아

이곳저곳을 헤매야만 했죠.[2] '장터'란 오늘날의 인력사무소라고 보면 돼요. 일이 없어 다들 인력사무소에서 고용주만 목이 빠져라 기다리는 상황이었죠. 이런 상황에서 먼저 온 품꾼들은 가장 먼저 포도원으로 고용되었어요. 어떤 이유로 이들이 먼저 고용되었을까요? 둘 중의 하나일 거예요. 첫째, 고용주들이 더 젊고 강한 일꾼을 선호하는 경향으로 인해 먼저 뽑혔다는 것. 그쵸? 고용주 입장에서는 당연히 젊고 건강한 일꾼을 선호했겠죠. 그리고 둘째, 다른 일꾼들이 인력사무소에 늦게 도착했기 때문에 먼저 뽑혔다는 것.

이렇게 둘 중의 하나겠지만, 본문의 상황에서는 첫째 경우만 해당돼요. 주인이 오후 5시에 장터에 나갔을 때 그때까지 고용되지 못한 사람들을 향해 이렇게 질문했어요. "너희는 어찌하여 종일토록(all day long) 놀고 여기 서 있느냐"(6절)라고요. 이들은 하루 종일(all day long) 인력사무소에서 고용을 기다렸어요. 즉, 이들도 먼저 온 품꾼들처럼 아침 일찍 나와서 일거리를 기다렸다는 거예요. 그러니 먼저 온 품꾼들이 먼저 고용된 이유는 바로 더 젊고 강한 신체적 능력을 가지고 있었기 때문이에요. 반면에

---

2 Craig S. Keener, *IVP seong-gyeong baegyeong juseog: sin-yag* (Downers Grove, IL: InterVarsity Press, 1993), ma 20:2.

오후 5시까지 고용되지 못한 품꾼들은 나이가 많거나 태생적으로 체력이 약한 이유로 고용되지 못했던 거겠죠.

   가장 먼저 고용된 사람과 가장 늦게 고용된 사람들은 고용되기 위해 동일한 노력을 했어도 결과는 달랐어요. 먼저 고용된 품꾼들은 건강하고 신체적 능력이 뛰어났어요. 반면에 가장 늦게 고용된 품꾼들은 나이가 많거나 신체적 능력이 떨어져서 고용에서 배제됐어요. 늦게 고용된 사람들의 입장에서 보면, 먼저 온 품꾼들은 불공정의 수혜자들일 거예요. 자신들은 신체가 유약하거나 나이가 많아 고용이 안 되는데, 저들은 건강하고 젊기까지 해서 남들보다 우선적으로 고용되었으니까 말이죠.

   이처럼 먼저 고용된 품꾼들은 분명히 불공정한 수혜를 누렸어요. 하지만 이들이 불공정의 감옥에 갇힌 것은 자신들이 '받은 수혜'에는 주목하지 못하고 자신들이 **'받지 못한 수혜'에만 주목**했기 때문이에요. 그러니 우리가 불공정을 느끼는 감옥에서 벗어나기 위해서는, 자신이 삶의 어떤 영역에서 남들보다 더 많은 혜택을 받았는지를 발견해야 해요.

불평할 때 기억해야 할 진실: 우리도 불공정의 수혜자

이해를 돕기 위해 한 상황을 설정해 볼게요. 회사에서 내일까지 마감해야 하는 일이 생겨서 여러분과 다른 한 사람이 똑같이 밤샘 작업을 해야 하는 상황이 생겼다고 쳐요. 여러분은 체력이 좋아 거뜬히 날을 새고 일을 끝내서 칭찬받았지만, 동료는 타고난 체력이 좋지 않아 졸다 보니 제대로 완료하지 못해 비난을 받아야 하는 경우. 공정한가요? 두 사람의 체력 상태는 공정하지 않아요. 그렇다면, 여러분이 그 사람보다 더 좋은 체력을 타고났으니 불공정의 수혜자가 아닐까요?

이와 관련해 하버드 대학의 마이클 샌델(Michael Sandel) 교수는 흥미로운 관점을 제시했어요. 그는 『공정하다는 착각』이라는 책에서 농구 선수 르브론 제임스(LeBron James)의 예를 들며, '노력'조차도 완전히 공정한 요소가 아니라고 말해요. 르브론의 성공은 그의 노력뿐 아니라, 농구를 좋아하는 사람이 많은 시대에 태어난 '운'과 부모로부터 물려받은 '타고난 재능'이 결합된 결과라는 거죠. 만약 그가 르네상스 시대에 태어났다면, 같은 노력을 했어도 지금과 같은 스타급 대우를 받지 못했을 거예요. 농구가 인기 없던 시대의 사람들이 보기에, 타고난 재능이 없는 사람들이 보기에 그는 불공정의 수혜자였어요.

육상 금메달리스트 우사인 볼트(Usain Bolt) 역시 자신의 훈련 파트너인 요한 블레이크(Yohan Blake)가 자신보다 더 열심히 훈련한다고 고백했어요.[3] 그러나 우승은 늘 볼트의 차지였죠. 블레이크가 아무리 노력해도 볼트의 재능을 이길 수는 없었던 거예요. 이처럼 우리 모두는 누군가에 비해 더 좋은 환경, 더 좋은 능력, 더 좋은 기회를 받은 영역이 분명히 있어요. 이것이 바로 우리가 불공정의 수혜자라는 의미예요.

우리가 구원을 받은 것도 사실 불공정의 특혜라고 볼 수 있어요. 우리의 공로나 노력으로 하나님을 찾은 것이 아니라, 하나님께서 먼저 우리를 찾아오셨기 때문이에요. 이러한 하나님의 은혜는 모든 사람에게 동일하게 주어지지 않았어요. 그러니 불공정한 특혜라고 할 수 있지 않을까요? 김회권 교수는 우리가 받은 구원을 이렇게 표현했어요.

> 냉혹한 합리주의와 창백한 공정성이 아니라, 불합리(?)한 사랑의 원천이요, 납득할 수 없을 정도로 은혜로운 하나님의 자비이다. … 불합리(?)하고 다소 부조리(?)하기까지 한 편애요 편중이다.[4]

---

[3] 마이클 샌델, 『공정하다는 착각』, 함규진 옮김 (서울: 와이즈베리, 2020), 200-202.
[4] 김회권, "구약 성경이 말하는 공정", 기독교윤리실천운동, 2021년 9월 1일, https://cemk.org/22622/.

송명희 시인의 고백

「공평하신 하나님」이라는 노래가 있어요. 이 노래의 가사를 지은 분은 송명희 시인으로, 뇌성마비 환자예요. 일곱 살 때까지 누워서 지내야만 했고, 열 살이 넘어서야 겨우 밥숟가락을 스스로 쥘 수 있게 되었죠. 설상가상으로 아버지는 결핵에 걸려 고생하셨고요. 그래서 그녀는 자살하고 싶었어요. 그러나 신앙을 가졌기에 죽더라도 하나님을 만나고 죽어야겠다며 17세 때 하루에 몇 시간씩 목숨을 걸고 기도했대요. 그녀는 그때 하나님을 만났고, 하나님은 그녀에게 시를 보여 주셨어요. 그것이 바로 유명한 「공평하신 하나님」이라는 노래의 가사예요.

> 나 가진 재물 없으나 나 남이 가진 지식 없으나
> 나 남에게 있는 건강 있지 않으나 나 남이 없는 것 있으니
> 나 남이 못 본 것을 보았고 나 남이 듣지 못한 음성 들었고
> 나 남이 받지 못한 사랑 받았고 나 남이 모르는 것 깨달았네
> 공평하신 하나님이 나 남이 가진 것 나 없지만
> 공평하신 하나님이 나 남이 없는 것 갖게 하셨네

송명희 시인은 세상이 얼마나 불공평하게 느껴졌을까요? 그러나 그녀는 그러한 시각에서 금세 해방될 수 있었어요. 어떻게

요? 내가 받은 불공정한 수혜를 발견했던 거예요. 찬양의 가사와 같이 자신은 남이 보지 못한 것을 보았고, 남이 듣지 못한 것을 들었고, 남에게 없는 은사를 받았음을 깨달았기에 불공정하다는 억울한 감정에서 해방될 수 있었어요.

불공정에 대한 원망과 한탄의 감정에 지배를 받고 있나요? 그렇다면 여러분이 받은 불공정한 은혜를 한번 발견해 보세요. 그러면 '왜 나에게만 이런 일이…'라는 생각이 이내 사라질 거예요.

3단계, 은혜를 베풂: 하나님 나라의 공정 방식 받아들이기

불공정하다는 인식에서 자유로워지기 위해서는 세상 나라의 공정과 하나님 나라의 공정 방식이 근본적으로 다름을 이해해야 해요. 세상 나라의 공정은 '성과주의'와 '능력주의'에 기반해요. 쉽게 말해 "네가 한 만큼 가져가"의 방식이죠. 대학 입시, 취업 경쟁, 연봉 협상까지…. 이런 방식은 우리 사회 전반에 깊이 뿌리내리고 있어요. 열심히 공부한 만큼 좋은 대학에 가고, 일한 만큼 보상받는 것이 '공정'하다고 생각하죠.

반면에 **하나님 나라의 공정은 '필요 충족'에 기반**해요. "네게 필요한 것을 채워 주마"의 방식이죠. 예수님의 오병이어 기적에서 "다 배불리 먹고"(마 14:20)라고 기록되어 있어요. 성과나 능력의 차등 없이 모든 사람의 필요가 채워진 거예요. 초대 교회의 모습도 이것을 잘 드러내 주고 있어요. "그중에 가난한 사람이 없으니 이는 밭과 집 있는 자는 팔아 그 판 것의 값을 가져다가 사도들의 발 앞에 두매 그들이 각 사람의 필요를 따라 나누어 줌이라"(행 4:35-36). 초대 교회는 각 사람의 필요를 따라 나누어 주었어요. 이것이 하나님 나라의 공정 방식을 실천한 모습이에요. 물론 성경은 성과와 노력에 따른 보상을 부인하지 않아요. 그것을 분명히 가르치고 있어요(잠 14:23). 하지만 하나님 나라의 핵심 가치에는 누구도 소외되지 않도록 서로의 필요를 채워 주는 공동체적 공정함이 있는 거예요.

팀 켈러는 이 하나님의 공정 방식을 이렇게 정의했어요. "하나님의 피조물로서 저마다에게 마땅히 돌아가야 할 몫을 나눠 줄 때 비로소 정의가 실현된다."[5] 이 정의는 단순히 능력과 성과에 따라 지급하는 게 아니라, 각자에게 필요한 것을 채워 주는 거예요. 포도원 품꾼 비유에서 주인은 바로 이런 성경적 공정을 실천

---

5   팀 켈러, 『팀 켈러의 정의란 무엇인가』, 최종훈 옮김 (서울: 두란노, 2012), 51.

했던 거예요. 품꾼들에게 약속한 한 데나리온은 당시 한 가족이 하루 먹고사는 데 필요한 최저 생계비였거든요. 그래서 주인은 뒤늦게 들어온 품꾼들에게 한 데나리온 미만을 줄 수가 없었어요. 그 금액으로는 가족들이 그날 저녁을 제대로 먹을 수 없었기 때문이죠. 그래서 주인은 1시간만 일한 사람들에게도 한 데나리온을 지급했던 거예요.

이를 본 먼저 고용된 품꾼들은 분노하죠. "마지막에 온 이 사람들은 한 시간밖에 일하지 않았는데도, 찌는 더위 속에서 온종일 수고한 우리들과 똑같이 대우하였습니다"(마 20:12, 새번역). 그들은 일한 시간과 노력에 비례하여 보상받는 것이 '공정'하다고 생각했던 거예요. 사실 오늘날 우리도 이들의 불만에 쉽게 공감이 돼요. 같은 월급을 받는데 내가 더 많은 일을 한다면, 불공평하다는 생각이 자연스럽게 들거든요.

하지만 주인은 이렇게 대답해요. "내가 선하므로 네가 악하게 보느냐"(마 20:15). RSV 성경은 '선함'을 '관대함(generosity)'이라고 번역했어요. 즉, 주인의 지급 방식은 '관대함'에 기초한 것이었어요. 관대함은 능력과 성과에 따라 보상함이 아니라, 앞서 팀 켈러가 정의한 것처럼 저마다에게 마땅히 돌아가야 할 몫을 기준으로 지급하는 것을 말해요.

하나님의 관대함을 인정하라

그러나 먼저 온 품꾼들은 주인을 '악하게' 보았어요. "네가 악하게 보느냐"(마 20:15). 이 말은 주인이 남들에게 관대하게 대하지 말고 세상 방식대로 능력과 성과에 따라 지급해 줄 것을 요구한 거예요. "주인님! 제발 각자의 필요에 따라 나눠 주지 말고요. 우리들이 한 만큼만 주세요! 그래야 우리가 억울하지 않죠!"라고 말이에요. 이들은 주인의 관대함이 싫었던 거예요. 레온 모리스(Leon Morris)라는 학자도 먼저 온 품꾼들이 화가 난 것은 주인이 합의한 임금을 속였거나 사악한 행동을 해서가 아니라, 그가 다른 사람들에게 보인 순전히 관대한 행동에 화가 난 것이라고 말했어요.[6]

오늘날 많은 사람들이 먼저 고용된 품꾼들의 분노에 공감할 거예요. Grace Community 교회의 평신도 사역자인 마이클 야코넬리(Michael Yaconelli)는 이렇게 말했어요. "은혜보다 교회 안의 사람들을 더 화나게 하는 것도 없다."[7] 세상의 공정은 능력

---

6 Leon Morris, *The Gospel according to Matthew*, *The Pillar New Testament Commentary* (Grand Rapids, MI; Leicester, England: W.B. Eerdmans; Inter-Varsity Press, 1992), 503-504.
7 박총, 「내 삶을 바꾼 한 구절」 (서울: 비아토르, 2017), 96에서 마이클 야코넬리 말을 재인용.

과 성과만큼 보상해 줘요. 그래서 화날 일이 없죠. 한 만큼 받고, 안 했으면 못 받기 때문이에요. 공평하게 하니 화날 일이 없어요. 반면에 '은혜'는 공평해 보이지 않아요. 부당해 보이죠. 나보다 열심히 하지 않은 사람들이 나와 비슷하게 받는 불공정함에 화가 나는 거예요.

우리가 불공정하다는 인식에서 자유로워지려면 하나님 나라의 공정 방식—**각 사람의 필요를 아시고 그것을 채우는 방식**—을 받아들여야 해요. 주인은 정확히 이 원칙을 따랐어요. 먼저 온 품꾼들에게는 건강과 일자리라는 복을, 늦게 온 품꾼들에게는 하루 생계비라는 필요를 채워 주었던 거예요.

이런 하나님의 방식을 이해하면 우리는 두 가지 변화를 경험하게 돼요. 첫째, 남이 받는 복에 덜 신경 쓰게 돼요. 둘째, 우리가 필요한 것을 하나님께서 반드시 채워 주실 것이라는 신뢰가 생겨요. 이것이 바로 불공정하다는 부정적 감정의 포로에서 자유로워지는 길이에요.

요컨대, 우리가 불공정하다고 느낄 때는 세 가지를 기억해야 해요. 첫째, 우리가 느끼는 불공정함의 실체가 우리의 욕심은 아닌지 점검해 보는 거예요. 둘째, 우리도 누군가에게는 불공정의 수혜자라는 점을 인정하는 거예요. 셋째, 하나님의 공정 방식은 세상의 공정 방식과 다르다는 것을 이해하는 거예요. 이 세 가지의 관점은 단순히 불공정함을 이해하는 방식만이 아니라, 우리 삶의 전체를 변화시키는 복음의 핵심이기도 해요.

우리가 자신의 욕심을 인정하면 겸손해지고, 우리가 받은 불공정한 혜택을 인식하면 감사하게 되며, 하나님의 공정 방식을 받아들이면 타인에게 더 관대해져요. 불공정함 앞에서 이런 복음적 시각은 우리를 더욱 성숙한 그리스도인으로 성장시켜 줄 거예요. 우리는 이제 **불공정이라는 감정의 포로**에서 벗어나 진정한 자유와 평안을 누릴 수 있어요. 마치 새장에서 벗어난 새처럼 불공정이라는 감옥에서 자유롭게 날아오를 수 있는 거예요. 그리고 그 자유는 우리 자신만을 위한 것이 아니라 우리를 통해 다른 이들에게도 전해질 복음의 능력이 될 거예요.

개인 묵상을 위한 미션

자기 평가

1. 불공정함에 대해서 자주 느끼는 감정은 무엇인가요?

- ☐ 분노/화
- ☐ 좌절/실망
- ☐ 질투/시기
- ☐ 원망/피해 의식
- ☐ 무력감/체념
- ☐ 불안/두려움
- ☐ 기타:

2. 이러한 감정을 느끼는 이유는 무엇인가요? 어릴 적, 부모님(양육자)은 여러분에게 공정에 대해 어떤 가르침이나 태도를 보여 주셨나요? 공정에 대한 당신의 현재 태도를 형성하는 데 있어서 가장 큰 영향을 미친 경험이 있다면 무엇인가요? 그로 인해 현재 당신은 공정에 대해 어떤 태도와 생각을 갖고 있나요? 예시를 참고해 자신을 성찰한 후, 기록해 보세요.

예시

어린 시절부터 "열심히 노력하면 그에 맞는 보상을 받는다"라는 메시지를 자주 들었다. 부모님은 형제간에 '똑같이' 나누는 것을 강조하셨고, 학교에서도 성적에 따라 상과 인정이 주어지는 환경이었다. 특히 대학 입시를 준비할 때, '공정한 경쟁'이라는 개념이 깊이 각인되었다. 가장 큰 영향을 미친 경험은 대학교 조별 과제에서 내가 가장 많은 기여를 했음에도 모든 조원이 같은 학점을 받았을 때이지 않았을까? 이때 느낀 불공정함이 지금까지도 "각자의 기여도에 따라 차등한 보상을 받아야 한다"라는 강한 신념으로 남아 있다. 이러한 공정함에 대한 기준은 신앙생활에도 영향을 미쳐, 종종 "이렇게 신실하게 신앙생활을 하는데 왜 응답이 없지?"라는 의문을 갖게 한다. 특히 신앙이 약해 보이는 사람들이 복을 받는 것처럼 보일 때 혼란스러움을 느끼고, 하나님과의 관계도 '노력과 보상'의 틀로 바라보는 경향이 있다. 은혜가 아닌 '영적 성과'에 집중하게 되어 하나님과의 관계가 때로는 거래적으로 변할 때가 있다.

나의 이야기

_____

_____

_____

_____

_____

3. 불공정함에 대한 인식 성찰하기

불공정함에 대한 우리의 인식은 종종 주관적 경험과 기대에 기반합니다. 아래 질문들을 통해 자신의 불공정 인식 패턴을 파악하고, 보다 균형 잡힌 시각으로 발전시켜 보세요.

▶ 불공정함을 느끼는 유형 중 자신에게 해당하는 항목에 체크하세요.

A. 욕심 기반 불공정 인식

- [ ] 나는 약속받은 것을 받았음에도, 더 받지 못하면 불공정하다고 느낀다.
- [ ] 내가 노력한 만큼 정확히 보상받지 못하면 억울함을 느낀다.
- [ ] 다른 사람이 나보다 적게 노력하고도 비슷한 결과를 얻으면 화가 난다.
- [ ] 나에게 주어진 것보다 더 많은 것을 기대하는 경향이 있다.

B. 편협한 비교 기반 불공정 인식

- [ ] 나는 주로 나보다 더 나은 상황에 있는 사람들과 나를 비교한다.
- [ ] 나의 노력과 성과를 인정받지 못할 때 불공정하다고 느낀다.
- [ ] 나는 내가 받은 혜택보다 받지 못한 것에 더 집중하는 경향이 있다.
- [ ] 내가 겪는 어려움은 크게 느껴지고, 다른 사람들의 어려움은 작게 느껴진다.

C. 성과주의 기반 불공정 인식

☐ 능력과 성과에 비례해서 보상이 주어져야 한다고 강하게 믿는다.

☐ 사회적 지위나 경제적 성공이 개인의 가치를 결정한다고 느낀다.

☐ 삶에서 '공정함'은 모든 사람이 동일한 기회와 결과를 얻는 것이라고 생각한다.

☐ 내가 노력한 만큼 정확히 보상받는 것이 정의라고 믿는다.

변화하기

1. 불공정한 감정을 느꼈을 때, 시선 전환하기

이 미션은 불공정함에 대한 감정 이면의 기대와 욕심을 인식하고, 자신이 받은 혜택을 깨달으며, 타인의 필요를 고려함으로써, 분노와 좌절에서 은혜와 감사로 전환할 수 있도록 돕습니다.

▶ 예시와 같이, 불공정하다고 느끼는 상황을 한 가지 적고 질문에 답해 보세요

예시

불공정을 느낀 상황

내가 회사 동료보다 더 많은 성과를 내고 회사에서 더 인정받았다고 생각했는데, 동료는 승진하고 나는 승진하지 못한 상황

나의 욕심이나 기대 파악하기

승진에 대한 불공정함을 느꼈던 상황을 돌아보니, 근저에는 '내가 더 자격이 있어'라는 교만과 '내 노력은 반드시 인정받아야 해'라는 보상 심리가 있었다. 또한 승진이 나의 가치를 증명해 줄 것이라는 잘못된 믿음도 있었다. 사실 승진은 권리가 아닌 기회였고, 회사에는 내가 모르는 여러 기준과 상황이 있었을 수 있다.

내가 받은 불공정한 혜택 깨닫기

사실 나도 입사 과정에서 대학 선배의 추천으로 경쟁자들보다 유리한 위치에서 면접을 볼 수 있었다. 또한 첫 프로젝트에서는 경험이 부족했음에도 팀장님의 믿음으로 중요한 역할을 맡아 성장할 수 있었다. 학창 시절에도 실력보다는 선생님과의 관계로 인해 좋은 기회를 얻은 적이 여러 번 있었다. 이런 점들을 생각하면, 남에게는 엄격한 공정함을 요구하면서 내가 입은 은혜는 당연시하고 있었던 것 같다.

주변 사람들의 필요에 대해 인식하기

승진한 동료의 입장에서 생각해 보니 그에게는 가족 부양의 책임과 경제적 필요가 있었고, 나보다 더 오랜 기간 승진을 기다려 왔다는 것을 알게 되었다. 또한 그가 맡은 프로젝트는 표면적으로 드러나는 성과는 적었지만, 회사의 기반을 튼튼히 하는 중요한 일이었다. 내가 집중했던 것은 눈에 보이는 성과였지만, 회사 입장에서는 눈에 보이지 않는 가치와 팀워크도 중요시했을 것이다.

나의 이야기

불공정을 느낀 상황

나의 욕심이나 기대 파악하기

내가 받은 불공정한 혜택 깨닫기

주변 사람들의 필요에 대해 인식하기

소그룹 나눔을 위한 질문

1. 불공정함을 경험할 때, 내가 자주 느끼는 감정은 어떤 것들인가요? 그러한 감정이 생긴 이유나 계기가 있다면 함께 나누어 보세요.

   _____

2. 개인 미션을 작성하면서 '아, 내가 이런 사람이었구나' 하고 새롭게 알게 된 점이 있다면 무엇인가요?

   _____

3. 불공정해 보이는 상황 가운데서도 낙심하지 않고 이 상황을 극복하기 위해서 어떤 실천을 해 보고 싶나요?

   _____

4. 다른 사람의 이야기를 듣고 새롭게 깨달은 점이 있다면 무엇인가요?

   _____